Catrin Misselhorn

# Künstliche Intelligenz und Empathie

## Vom Leben mit Emotionserkennung, Sexrobotern & Co.



Reclam

3., vollständig durchgesehene und ergänzte Auflage



RECLAMS UNIVERSAL-BIBLIOTHEK Nr. 14594
2024 Philipp Reclam jun. Verlag GmbH,
Siemensstraße 32, 71254 Ditzingen
info@reclam.de
Gestaltung: Cornelia Feyll, Friedrich Forssman
Druck und Bindung: Esser printSolutions GmbH,
Untere Sonnenstraße 5, 84030 Ergolding
Printed in Germany 2025
RECLAM, UNIVERSAL-BIBLIOTHEK und
RECLAMS UNIVERSAL-BIBLIOTHEK sind eingetragene Marken
der Philipp Reclam jun. GmbH & Co. KG, Stuttgart
ISBN 978-3-15-014594-4
reclam.de

Misselhorn | Künstliche Intelligenz und Empathie

[Was bedeutet das alles?]

# Inhalt

# Vorwort

Der Siegeszug der künstlichen Intelligenz schreitet unaufhaltsam fort. Mehr und mehr dringt die Technologie in Bereiche vor, die bislang dem Menschen vorbehalten zu sein schienen. Zwar übertraf die künstliche Intelligenz immer wieder punktuell bestimmte menschliche kognitive Leistungen wie etwa im Go-Spiel. Doch der Weg zu solchen kognitiven Höchstleistungen bestand stets in der überlegenen Rechenfähigkeit der künstlichen Intelligenz. Menschliche Kernkompetenzen wie Emotionen und Empathie blieben außen vor. Das ändert sich zunehmend. Seit den 1980er Jahren macht sich der KI-Visionär Marvin Minsky dafür stark, auch Emotionen bei der Entwicklung künstlicher Intelligenz zu berücksichtigen, um komplexe Aufgaben besser zu bewältigen.[1]

Dies gilt umso mehr, wenn künstliche Intelligenz Menschen verstehen und mit ihnen interagieren soll. Entsprechende Fähigkeiten gewinnen zunehmend an Bedeutung, weil in der Wirtschaft in den letzten Jahrzehnten ein Umdenken stattgefunden hat. Das Paradigma des Menschen als Homo oeconomicus, der nur darauf aus ist, seinen Nutzen rational zu maximieren, ist in die Kritik geraten. Stattdessen hat sich herausgestellt, wie sehr Menschen sich auch in ihren ökonomischen Entscheidungen von Emotionen und Affekten leiten lassen. Geschäftsanwendungen künstlicher Intelligenz versuchen diesen Wandel abzubilden, um den Menschen als Kunden, aber auch als Mitarbeiter besser zu erfassen.

Durch die zunehmende Automatisierung wandelt sich auch das Erscheinungsbild menschlicher Arbeitsplätze. Soziale Interaktion und Kommunikation stehen immer mehr im Vordergrund. Doch selbst in diesem Feld sind die Menschen nicht mehr unter sich. Vielmehr lautet das neue Stichwort der sogenannten Arbeitswelt 5.0 *Kooperation zwischen Mensch und*

*Maschine.* Künstliche Intelligenz soll nicht nur Routineaufgaben im Büro erledigen, Versicherungsfälle abwickeln oder Teile der Kundenkommunikation führen. Sie soll auch anspruchsvollere soziale Tätigkeiten übernehmen, etwa die Motivation von Schülern einschätzen oder auf psychische Störungen aufmerksam machen. Um diese Aufgaben zu erfüllen, müssen die Systeme in der Lage sein, menschliche Emotionen zu erkennen und angemessen auf diese zu reagieren.

Künstliche Systeme und Roboter sollen darüber hinaus Helfer, soziale Gefährten und Liebhaber sein. Kameras, Mikrofone und Sensoren im Haus sollen die Stimmung der Nutzer erkennen und etwa Beleuchtung und Musik entsprechend anpassen. Pflegeroboter sollen sich um alte Menschen kümmern, soziale Roboter Einsamen Gesellschaft leisten, und Sexroboter sollen nicht nur die üblichen sexuellen Bedürfnisse erfüllen, sondern auch solche Vorlieben, die in der realen Welt moralisch anstößig oder gar gesetzlich verboten sind.

Dieses Buch gibt einen Überblick über die noch recht junge Disziplin der emotionalen künstlichen Intelligenz und will zu einer kritischen Auseinandersetzung anregen. Der Schwerpunkt liegt auf Technologien, die ökonomisch relevant sind und unseren Alltag grundlegend verändern könnten:

Im ersten Kapitel werden die Grundbegriffe der emotionalen künstlichen Intelligenz erläutert. Das zweite Kapitel stellt die wichtigsten Methoden und Entwicklungen zur Erkennung von Emotionen durch künstliche Systeme dar und diskutiert sie aus ethischer Sicht. Wie sich zeigt, zeichnen sich diese Technologien durch einen grundlegenden Mangel an Empathie aus. Deshalb wendet sich das dritte Kapitel dem Schlüsselbegriff der Empathie zu und thematisiert die Bedeutung zwischenmenschlicher Empathie sowie die Möglichkeit, sogenannte artifizielle Empathie in künstlichen Systemen zu realisieren.

Das vierte Kapitel beschäftigt sich mit zwei Beispielen künstlicher Systeme, die den Anspruch haben, eine empathische Interaktion mit den Nutzern zu ermöglichen. Das eine stammt aus der Altenpflege und das andere aus der klinischen Psychologie. Beide werden zwar von den Nutzern durchaus als empathisch interpretiert, sie empfinden jedoch nicht wirklich Empathie. Um dies zu erreichen, wäre es notwendig, künstliche Systeme zu konstruieren, die selbst Emotionen haben können. Dieser Möglichkeit geht das fünfte Kapitel am Beispiel des Schmerzempfindens nach, das für die Entwicklung artifizieller Empathie besonders bedeutsam ist.

Das sechste Kapitel wendet sich der Beobachtung zu, dass Menschen nicht nur für Menschen, sondern auch für Roboter Empathie empfinden. Zwar gleicht dieses Gefühl einer optischen Täuschung, dennoch muss man es in moralischer Hinsicht ernst nehmen und sich fragen, in welchen Bereichen solche Technologien sinnvoll und wünschenswert sind.

Diese Frage stellt sich mit besonderer Dringlichkeit für soziale Roboter, die dafür geschaffen werden, uns als Freunde, Sexualpartner oder sogar Geliebte zu dienen. Im abschließenden siebten Kapitel wird geklärt, worin sich soziale Roboter von anderen unbelebten Objekten unterscheiden, zu denen wir eine emotionale Bindung aufbauen können. Heiß umstritten sind vor allem Sexroboter. Wir werden diskutieren, inwiefern sie moralisch problematisch sind und ob der Kampagne zum Stopp von Sexrobotern recht zu geben ist. Doch Roboter versprechen nicht nur Sex, sondern auch die perfekte Liebe. Ob sie dieses Versprechen einzulösen vermögen oder ob die Liebe die letzte Bastion des Menschlichen ist, in die die künstliche Intelligenz nicht vordringen kann, wird sich am Ende des Buchs zeigen.

# 1. Emotionale künstliche Intelligenz

Das Forschungsgebiet der künstlichen Intelligenz (KI) stellt sich die Aufgabe, intelligentes Problemlösungsverhalten durch Maschinen nachzubilden oder zu simulieren, beispielsweise visuelle Wahrnehmung, Spracherkennung und -produktion, automatisiertes Schließen und Entscheiden. Je nachdem, wie stark der damit verbundene Anspruch ist, lassen sich zwei Formen der KI voneinander unterscheiden.

## Starke und schwache KI

*Schwache KI* ist auf die Lösung konkreter Anwendungsprobleme bezogen, menschliche Intelligenz wird im besten Fall nachgeahmt. *Starke KI* wird hingegen mit dem Anspruch verbunden, eine dem Menschen vergleichbare allgemeine und flexible Form der Intelligenz hervorzubringen. Die starke KI wirft die Frage auf, wann man einem System Intelligenz in einem menschlichen Sinn zuschreiben sollte.

In diesem Zusammenhang hat eine Versuchsanordnung namens *Turingtest* Berühmtheit erlangt. Alan Turing schuf mit der Turingmaschine die theoretischen Grundlagen des modernen Digitalcomputers. In den 1950er Jahren stellte er die These auf, dass ein künstliches System in einem menschlichen Sinn als intelligent zu gelten habe, wenn es ihm gelänge, einen menschlichen Gesprächspartner in einem Imitationsspiel davon zu überzeugen, dass es sich bei ihm um einen Menschen handelt.[1] Da Mensch und Computer nur über ein Display miteinander kommunizieren, wird von den äußerlichen Merkmalen der Beteiligten in dieser Situation abstrahiert. Dies soll Vorurteilen vorbeugen, die sich aus der mechanischen Erscheinungsweise einer Maschine ergeben.

Lange Zeit galt der Turingtest als eine harte Nuss: Doch mit dem Aufkommen der großen Sprachmodelle, die etwa den diversen Versionen von (Chat)GPT zugrunde liegen, kann dieser Test als bestanden gelten. Diese Sprachmodelle werden in mehreren Schritten mit Hilfe einer Unmenge von Texten darauf trainiert, Eingaben in natürlicher Sprache zu erkennen und in natürlicher Sprache zu beantworten. Die neuesten Versionen können nicht nur Text verarbeiten, sondern auch visuelle oder auditive Informationen. Die Besonderheit daran ist, dass man mit diesen Systemen über Gott und die Welt kommunizieren kann wie mit einem Menschen. Sie kombinieren nicht etwa vorgegebene Textbauteile, sondern bringen auf der Grundlage der Trainingsdaten eigene Formulierungen hervor und können anscheinend jede Frage beantworten.

Dabei reihen sie vereinfacht gesprochen Wörter nach der Wahrscheinlichkeit ihres gemeinsamen Auftretens aneinander. Sie schließen etwa darauf, welches das nächste Wort in einer Abfolge sein könnte oder welches Wort an der verdeckten Stelle eines Satzes mit hoher Wahrscheinlichkeit einzusetzen ist. Deshalb werden sie auch als »statistische Papageien« kritisiert.[2] Aus diesem Grund überzeugen die Chatbots zwar durch Sprachgewandtheit und eine flüssige Konversation, nehmen es aber mit der Wahrheit nicht immer so genau, so dass man ihnen nicht blind vertrauen sollte.

So gesehen deutet die Tatsache, dass die großen Sprachmodelle den Turingtest bestehen, weniger darauf hin, dass sie denken können, sondern spricht eher dafür, dass der Test nicht angemessen ist. Dennoch verschärfen sie bezogen auf die emotionale Interaktion den Befund, dass wir allzu leicht bereit sind, künstliche Systeme als emotionale Wesen wahrzunehmen, auch dann, wenn sie über keinerlei Gefühle verfügen.

Ursprünglich bezog sich der Begriff der künstlichen Intelli

genz auf Computer allgemein. Heutzutage wird der Begriff jedoch häufig in einem engeren Sinn zur Bezeichnung neuronaler Netze verwendet, die den Neuronenverbänden im menschlichen Gehirn nachempfunden sind. Hierbei handelt es sich eigentlich um eine Methode der KI, die auch unter dem Begriff des maschinellen Lernens firmiert, jedoch oft als Synonym für künstliche Intelligenz allgemein steht. Im Wesentlichen fußt das Verfahren darauf, mit Hilfe neuronaler Netze Muster in großen Datenmengen zu erkennen. Die großen Fortschritte der KI sind besonders durch das *Deep Learning* möglich geworden, eine Fortentwicklung des maschinellen Lernens, die sich neuronaler Netze mit mehreren Schichten der Informationsverarbeitung bedient.

Obwohl künstliche neuronale Netze mutmaßlich anders lernen als Menschen, ist es dennoch aufgrund ihrer hohen kognitiven Leistungsfähigkeit gerechtfertigt, von künstlicher Intelligenz im schwachen Sinn zu sprechen. Allerdings handelt es sich nicht um eine allgemeine Intelligenz im menschlichen Sinn, die auf die unterschiedlichsten Problemfelder anwendbar ist, wie sie die starke künstliche Intelligenz anstrebt.

## Von der künstlichen Intelligenz zur emotionalen künstlichen Intelligenz

Der Begriff der emotionalen künstlichen Intelligenz (in Englisch auch *affective computing*) wurde in den 1990er Jahren im Zuge der Debatte um die emotionale Intelligenz geprägt.[3] Sie lässt sich analog zur künstlichen Intelligenz als diejenige Disziplin definieren, die es mit der Nachbildung oder Simulation von Emotionen zu tun hat, also damit, ob und wie künstliche Systeme Emotionen erkennen, ausdrücken und vielleicht sogar selbst aufweisen können.

Die Notwendigkeit emotionaler KI erwuchs aus der Einsicht, dass Emotionen eine wichtige Rolle für intelligentes Verhalten spielen. So gibt es neurowissenschaftliche Evidenzen dafür, dass emotionale Störungen aufgrund von Hirnverletzungen zu irrationalem Verhalten führen.[4] Das kann selbst dann vorkommen, wenn die kognitiven Fähigkeiten im engeren Sinn, die sich durch einen klassischen IQ-Test messen lassen, nicht beeinträchtigt wurden.

Auch theoretisch ist die emotionale KI von großem Interesse, da sich die Kognitionswissenschaften erhoffen, mit Hilfe künstlicher Systeme besser zu verstehen, wie der Zusammenhang zwischen Emotionen und Kognition bei Menschen beschaffen ist. Zwar spielt die Implementation von Emotionen in künstlichen Systemen in Anwendungskontexten bislang noch keine große Rolle, doch könnte sich dies ändern, sollte sich die Hypothese bestätigen, dass Emotionen entscheidend für intelligentes Verhalten sind.[5]

Von besonderer Bedeutung sind Emotionen für soziale Kommunikation und Kooperation. Dies führt zu einem weiteren Motiv, emotionale KI zu betreiben. Da das menschliche Sozialverhalten stark auf Emotionen beruht, ist es naheliegend, dass auch künstliche Systeme Emotionen berücksichtigen müssen, sofern sie mit Menschen zu tun haben. Wenn Mensch und Maschine sozial miteinander interagieren sollen, kommt es darauf an, dass künstliche Systeme menschliche Emotionen zuverlässig erkennen, einordnen und sozial angemessen darauf reagieren können. Sie brauchen jedoch nicht zwangsläufig selbst über Emotionen zu verfügen, um diese Ziele zu erreichen.

In der sozialen Interaktion spielen auch Faktoren wie die visuelle Erscheinung, Mimik und Gestik eine große Rolle. Deshalb liegt es nahe, auf Roboter zu setzen, die über einen Körper, Sensoren und Aktoren verfügen. Zwar muss insbesondere emotionale KI im schwachen Sinn nicht zwangsläufig auf die gleichen Prozesse zurückgreifen, die menschlichen Emotionen zugrunde liegen. Dennoch ist eine gewisse Vertrautheit mit den Emotionstheorien für biologische Lebewesen für das Verständnis der emotionalen KI hilfreich.

## Was sind Emotionen?

Gehen wir von unserem Alltagsverständnis von Emotionen aus, so scheint es sich um *episodische Reaktionen* zu handeln, denen wir weitgehend passiv unterliegen, etwa wenn wir von Panik ergriffen, vor Freude überwältigt oder von Schuldgefühlen erdrückt werden. Mit *episodisch* ist gemeint, dass sich Anfang und Ende einer Emotion relativ eindeutig bestimmen lassen.

Außerdem umfassen Emotionen zumeist Formen *körperlicher Erregung*. Dazu gehören etwa erhöhter Puls, Erröten, Schweißbildung oder Tränenfluss. Im Unterschied zu anderen körperlichen Vorgängen wie etwa der Verdauung sind diese körperlichen Erregungszustände typischerweise mit einer bestimmten *subjektiven Erlebnisqualität* verbunden. Es fühlt sich auf eine bestimmte Art und Weise an, Freude zu empfinden, traurig oder wütend zu sein. Diese subjektive Erlebnisqualität wird in der philosophischen Debatte auch als *phänomenales Bewusstsein* bezeichnet und ist nicht zwangsläufig an das Auftreten körperlicher Erregung gebunden.

Außerdem beziehen sich Emotionen auf ein Objekt. Man kann fragen: Worüber ist Anne wütend? Wovor fürchtet sich Julian? Worüber freut sich Paul? Die Antworten könnten beispielsweise lauten: Anne ist wütend auf Franz, weil er ihren Stift absichtlich zerbrochen hat. Julian fürchtet sich vor dem Hund. Paul freut sich über das Buch, das Marie ihm zum Geburtstag geschenkt hat. Eine solche Bezugnahme auf ein Objekt wird in der philosophischen Emotionstheorie als *Intentionalität* bezeichnet.

Der Begriff der Intentionalität wird manchmal auch im Sinn von Absichtlichkeit verwendet. Doch damit hat der Objektbezug von Emotionen nichts zu tun. Der weitgehend passive Charakter von Emotionen schließt aus, dass wir sie absichtlich herbeiführen. Wir können nicht direkt beabsichtigen, uns zu freuen, wenngleich wir natürlich absichtlich nach Objekten suchen können, die Freude in uns auslösen.

Die Bezugsobjekte von Emotionen bezeichnet man als *intentionale Objekte*. Diese Objekte müssen nicht immer konkrete materielle Gegenstände sein: Man kann auch über die Klimakrise besorgt sein oder eine Idee bewundern. Wichtig ist jedoch, dass die Bezugsobjekte von Emotionen auf eine ganz bestimmte Art und Weise gegeben sind.

Nehmen wir an, Julia ist traurig darüber, dass Deutschland bei der Fußballweltmeisterschaft in der Vorrunde ausgeschieden ist. Das Objekt ihrer Emotion ist nicht nur das Ausscheiden der Nationalelf als solches. So könnte ein Anhänger einer anderen Mannschaft über dasselbe Ereignis hocherfreut sein. Sie erachtet es vielmehr auf eine ganz besondere Art und Weise als schlecht, nämlich im Sinn eines Verlusts. Ihre Traurigkeit beinhaltet also eine negative *Bewertung* des Objekts als Verlust. Andere negative Bewertungen wären etwa Peinlichkeit (dann würde sie Scham empfinden), Kläglichkeit (dann würde sie Verachtung empfinden) oder Anstößigkeit (dann würde sie Ärger empfinden).

Die Art des Bezugsobjekts und seines Gegebenseins ist wichtig, um verschiedene Emotionen voneinander unterscheiden zu können. Die subjektive Empfindungsqualität allein reicht dafür nicht aus. So lässt sich der Unterschied zwischen der Scham und der Trauer über das Ausscheiden der Fußballmannschaft nicht allein anhand der subjektiven Erlebnisqualität ausmachen. Der Bezug auf ein intentionales Objekt ist auch verantwortlich dafür, dass Emotionen begründet oder unbegründet sein können. So wäre Julians Furcht vor dem Hund unbegründet, wenn dieser nicht gefährlich, sondern ganz sanftmütig ist.

Weiterhin sind Emotionen mit bestimmten Ausdrucksformen verbunden. Sie manifestieren sich in Sprache, Haltung, Gestik und Mimik und bewirken häufig bestimmte Verhaltensweisen. So führt Furcht zu Angriff, Flucht oder Erstarrung. Emotionen lassen sich anhand dieser Merkmale gut von anderen affektiven Phänomenen abgrenzen.

Stimmungen haben ebenso wie Emotionen eine subjektive Erlebnisqualität. Es handelt sich jedoch nicht um episodische Reaktionen, und sie verfügen nicht über Bezugsobjekte. Sie gehen auch nicht mit bestimmten körperlichen Veränderungen, Ausdrucksformen oder Verhaltensweisen einher. Emotionen sind auch von körperlichen Empfindungen (wie einem Prickeln oder Ziehen) zu unterscheiden. Körperliche Empfindungen sind zwar episodisch, sie haben aber typischerweise kein Bezugsobjekt und sind nicht mit spezifischen körperlichen Veränderungen, Ausdrucksformen oder Verhaltensweisen verbunden, sondern zeichnen sich vor allem durch ihre Erlebnisqualität aus.

Charakterzüge wie Extrovertiertheit, Offenheit oder emotionale Verletzlichkeit stellen ebenfalls keine Emotionen dar. Sie weisen keine der für Emotionen charakteristischen Merkmale auf, auch wenn sie etwas damit zu tun haben mögen, zu welchen emotionalen Reaktionen jemand in bestimmten Situationen tendiert.

Emotionstheorien unterscheiden sich darin, welche Merkmale von Emotionen sie als vorrangig betrachten und wie sie deren Wechselspiel verstehen. So kommt es für den *Behavio-*

*rismus* besonders auf die Verhaltensreaktionen an. Demnach wäre beispielsweise Furcht gleichzusetzen mit der Tendenz zu Flucht, Erstarrung oder Kampf. *Somatische Theorien* hingegen halten Emotionen für Wahrnehmungen körperlicher Veränderungen. Der Philosoph und Psychologe William James, auf den dieser Ansatz zurückgeht, prägte hierfür Ende des 19. Jahrhunderts den Slogan: Wir weinen nicht, weil wir traurig sind, sondern wir sind traurig, weil wir weinen.[6]

Kognitivistische Theorien konzentrieren sich auf die intentionalen Objekte von Emotionen. In der gegenwärtigen Psychologie ist der Ansatz verbreitet, Emotionen als Interpretation und Bewertung (engl. *appraisal*) einer Situation vor dem Hintergrund gewisser Ziele, Wünsche, Überzeugungen und Erfahrungen zu verstehen. Solche Bewertungen umfassen etwa die Relevanz für die eigene Person oder Gruppe, den Neuigkeitswert des Ereignisses, die hedonische Qualität (›angenehm‹ oder ›unangenehm‹), die Relevanz für die eigenen Bedürfnisse und die Wahrscheinlichkeit des Eintretens.

Emotionen lassen sich durch jeweils spezifische Bewertungsmuster voneinander abgrenzen, die verhältnismäßig stabil sind. Diese Bewertungsmuster unterscheiden sich in ihrer Komplexität und in ihrem kognitiven Anspruch. Sie variieren von niederstufigen biologisch bestimmten Mustern bis hin zu kognitiv anspruchsvollen, kontext- und kulturabhängigen Prozessen. Die Bewertungstheorien finden auch in der emotionalen KI Anwendung.[7] Gefühlstheorien (engl. *feeling theories*) hingegen verstehen die subjektive Erlebnisqualität als das entscheidende Merkmal von Emotionen. Da es zweifelhaft ist, ob Maschinen tatsächlich über subjektive Gefühlsqualitäten verfügen, ist dieser Ansatz in der emotionalen KI nicht verbreitet.

| | Merkmale | Affektive Phänomene | | | |
|---|---|---|---|---|---|
| | | Emotionen | Stimmungen | Empfindungen | Charakterzüge |
| **Emotionstheorien** | Reaktion | × | – | – | – |
| | Episodisch | × | – | × | – |
| **Behaviorismus** | Ausdruck und Verhalten | × | – | – | – |
| **Somatische Theorien** | Körperliche Veränderungen | × | – | – | – |
| **Gefühlstheorien** | Subjektive Erlebnisqualität | × | × | × | – |
| **Kognitivistische Theorien** | Intentionalität | × | – | – | – |

Tabelle 1: Emotionstheorien und affektive Phänomene

## Basale Emotionen

Zu den wichtigsten und in der emotionalen KI einflussreichsten psychologischen Ansätzen gehört die *Theorie der basalen Emotionen*. Ihre Ursprünge reichen auf Darwin (1872) zurück, der beobachtete, dass Emotionen bei Menschen und Tieren eng mit gewissen Gesichtsausdrücken und Verhaltensweisen verknüpft sind. Die Theorie der basalen Emotionen besagt nun, dass es eine Reihe von basalen Emotionen gibt, die universell geteilt und in bestimmten neuronalen Strukturen des Gehirns verankert sind. Sie werden durch eine eng begrenzte Klasse von Reizen ausgelöst und haben die evolutionäre Funktion, schnelles und effizientes Verhalten im Umgang mit bestimmten Herausforderungen der Umwelt zu ermöglichen. Sie sind nicht rational kontrollierbar und laufen weitgehend automatisch ab. Man spricht deshalb auch von Affektprogrammen.

Besonders bedeutsam für die emotionale KI waren die Arbeiten des Psychologen Paul Ekman, der diesen Ansatz seit den 1960er Jahren fortentwickelt hat.[8] Im Zentrum seiner Untersuchungen stand der enge Zusammenhang zwischen basalen Emotionen und bestimmten Gesichtsausdrücken, die kulturübergreifend erkannt werden. Nach Ekman lassen sich solche Emotionen sogar allein auf der Grundlage des Gesichtsausdrucks zuordnen. Seine ursprüngliche Liste enthält sechs basale Emotionen: Furcht, Freude, Ärger, Traurigkeit, Überraschung und Ekel. Allerdings hat Ekman diese Liste später selbst modifiziert, und es wurden noch weitere, davon abweichende Aufzählungen basaler Emotionen erstellt.

Das Gegenstück zu den basalen Emotionen bilden nichtbasale oder komplexe Emotionen. Wie die rein negative Abgrenzung schon andeutet, lässt sich diese Art von Emotionen weit schwieriger unter einen einheitlichen Begriff fassen, und es gibt unterschiedliche Ansätze zu ihrer Erklärung. Einige gehen davon aus, dass komplexe Emotionen sich aus basalen Emotionen zusammensetzen. Nostalgie ließe sich etwa als Mischung aus Freude und Traurigkeit beschreiben. Für andere entstehen komplexe Emotionen aus der Ausrichtung basaler Emotionen auf ein neues, zumeist spezifischeres Bezugsobjekt. So entstünde etwa Eifersucht, indem Ärger auf eine ganz bestimmte Form der Anstößigkeit als neues Objekt bezogen würde, nämlich auf Untreue in einer Liebesbeziehung. Schließlich kann man komplexe Emotionen auch als ganz und gar eigenständige Phänomene verstehen, so dass die Klasse der Emotionen in zwei distinkte Arten auseinanderfiele.

Die Frage ist allerdings, ob es tatsächlich eine so strikte Abgrenzung zwischen basalen und nichtbasalen Emotionen gibt oder ob der Übergang zwischen automatischen und universellen Emotionsformen und ihren kognitiv anspruchsvolleren, kontextabhängigen Gegenstücken nicht eher fließend ist. Ein Beispiel wäre die Furcht vor einem gefährlichen Raubtier, die in Form eines Affektprogramms abläuft und auch im Tierreich vorkommt, gegenüber der Furcht vor einem Börsencrash, die deutlich anspruchsvollere kognitive Ressourcen sowie bestimmte soziale Organisationsformen voraussetzt. Furcht in diesem nichtbasalen Sinn scheint auch nicht mit einem bestimmten Gesichtsausdruck oder den drei Grundverhaltensformen des Affektprogramms (Flucht, Erstarrung oder Kampf) verbunden zu sein.

Da komplexe Emotionen in der emotionalen KI nur eine untergeordnete Rolle spielen, werden die unterschiedlichen Erklärungsansätze und ihre Probleme nicht näher ausgeführt. Die Theorie der basalen Emotionen hingegen gewann großen Einfluss in diesem Bereich, denn die Unterscheidung von Emotionen auf der Grundlage von Gesichtsausdrücken eignet sich vorzüglich für die algorithmische Emotionserkennung. Das Internet bietet zudem eine gute Quelle, um an jene Daten zu kommen, die notwendig sind, um solche Programme zu entwickeln.

## 2. Wie künstliche Systeme wissen, was wir fühlen

Die automatisierte Emotionserkennung ist der derzeitig ökonomisch und sozial bedeutsamste Zweig der emotionalen KI. Diese Wachstumsbranche wird in Zukunft noch mehr an Gewicht gewinnen und Folgen für unser Zusammenleben haben. Es wurden eine Reihe von Methoden entwickelt, die in unterschiedlichen Bereichen Anwendung finden. Im Folgenden werden die grundlegenden Technologien und Verfahren zur Erkennung menschlicher Emotionen vorgestellt, die in künstlichen Systemen eingesetzt werden.

### Gesichtsbasierte Emotionserkennung

Eine Inspirationsquelle der automatischen Emotionserkennung bildet das Gesichtsbewegungskodierungssystem (engl. *Facial Action Coding System*, FACS), das Paul Ekman seit den 1970er Jahren in Zusammenarbeit mit Wallace Friesen für die zwischenmenschliche Emotionserkennung entwickelt hat.[1] Das System ordnet jeder sichtbaren Bewegung der mimischen Muskulatur eine Bewegungseinheit (engl. *Action Unit*, AU) zu, die eine einzelne Muskelbewegung beschreibt oder mehrere zusammenfasst.

Auf diese Art und Weise lassen sich Gesichtsausdrücke klassifizieren und als Code darstellen. Die verschiedenen Typen basaler Emotionen werden anhand bestimmter Kombinationen der Bewegungseinheiten charakterisiert, die zu dem für sie typischen Gesichtsausdruck führen. Furcht etwa lässt sich durch Zusammenziehen der Augenbrauen (AU 4), Heben des oberen Augenlids (AU 5), Anspannen des unteren Augenlids

(AU 7) sowie Aufeinanderpressen der Lippen (AU 23) beschreiben. Freude umfasst das Anheben der Wangen (AU 6) und der Mundwinkel (AU 12). Die Intensität einer Bewegung kann zusätzlich auf einer fünf Stufen umfassenden Skala ausgedrückt werden. Das System lässt sich durch die Hinzunahme von Kopf- und Augenbewegungen sowie typischen Verhaltensmustern erweitern.

Besonders große Resonanz erfuhr FACS, weil sich mit Hilfe der Mikromimik (kurze, schnelle Gesichtsbewegungen, die nur Sekundenbruchteile andauern) erkennen lässt, welche Emotion jemand tatsächlich hat, auch wenn die Person dies verbergen möchte. Zwar ist nicht jeder spontan in der Lage, solche Mikroausdrücke zu erkennen. Diese Fähigkeit lässt sich jedoch nach Ekman gut trainieren. Er arbeitet mit dem Auslandsgeheimdienst (CIA), dem Verteidigungsministerium und dem nach den Terroranschlägen vom 11. September 2001 gegründeten Heimatschutzministerium (Department of Homeland Security) der USA zusammen. Die Mitarbeiter dieser Einrichtungen sollen darin geschult werden, potentielle Terroristen anhand ihrer Mikromimik zu enttarnen. Dieses Beispiel verdeutlicht den großen Reiz, den automatisierte gesichtsbasierte Emotionserkennung ausübt: Sie soll es den Nutzern – seien es staatliche oder kommerzielle Akteure – erlauben, die wahren Emotionen einer Person zu erkennen, ohne auf deren Selbstinterpretation angewiesen zu sein.

Künstliche Systeme müssen jedoch nicht in Anlehnung an Ekmans Gesichtsbewegungskodierungssystem programmiert werden. Es ist auch möglich, sie mit Hilfe von ›Big Data‹ darauf zu trainieren, Gesichtsausdrücke als Muster in Datensätzen zu erkennen. Beide Verfahrensweisen lassen sich auch miteinander kombinieren. Die Datengrundlage besteht aus Live-Aufnahmen von Kameras, Videoaufzeichnungen, Standbildern aus Videos oder Fotos. So nutzen Firmen etwa die Profilbilder auf Datingplattformen oder Fotos menschlicher Gesichter auf Flickr. Auch wenn die Nutzer der Verwendung im Rahmen einer Creative-Commons-Lizenz zugestimmt haben, ist dies im Hinblick auf den Datenschutz nicht unproblematisch, da keine Vereinbarung mit den Firmen selbst über diese Nutzung vorlag.

Die gesichtsbasierte Emotionserkennung geht in drei Schritten vor: Zunächst erfolgt die Gesichtserkennung, dann die Merkmalsextraktion und danach die Klassifikation der Emotion. Bei der Merkmalsextraktion können etwa die geometrischen Merkmale wie die Abstände zwischen wichtigen Gesichtspunkten oder die Geschwindigkeitsvektoren dieser Punkte verwendet werden, wenn sich der Gesichtsausdruck verändert. Ein anderes Verfahren nutzt Änderungen der Bildtextur, die sich aus der Verformung des neutralen Gesichtsausdrucks ergeben (beispielsweise Ausbuchtungen und Falten im Gesicht).

Doch wie zuverlässig sind künstliche Systeme bei der gesichtsbasierten Emotionserkennung? Ekman vertritt die Auffassung, dass trainierte Menschen diese Aufgabe besser bewältigen als Algorithmen. Zur Unterstützung könne jedoch auf die automatisierte gesichtsbasierte Emotionserkennung durch künstliche Systeme zurückgegriffen werden. Einige Forscherteams behaupten jedoch, bereits Systeme entwickelt zu haben, die Menschen in der Erkennung von Mikroausdrücken überlegen seien.[2] Allerdings hängt die Zuverlässigkeit künstlicher Systeme bei der gesichtsbasierten Emotionserkennung stark davon ab, dass Laborbedingungen herrschen: Die Bilder müssen frontal aufgenommen und sehr scharf sein und dürfen keine verdeckten Gesichtsteile enthalten. Unter Bedingungen des echten Lebens schneiden künstliche Systeme entsprechend schlechter ab.

Die automatisierte gesichtsbasierte Emotionserkennung ist

jedoch noch aus anderen Gründen umstritten. Ein Kritikpunkt lautet, dass sie den Kontext vollkommen ausblendet. Es ist fraglich, ob Gesichtsausdrücke notwendig oder hinreichend sind, um Emotionen zu erkennen. Das lässt sich anhand des Kuleshov-Effekts veranschaulichen: Lev Kuleshov war ein sowjetischer Filmemacher, der bereits zu Beginn des 20. Jahrhunderts anhand eines Kurzfilms die Kontextabhängigkeit der Emotionszuschreibung belegen wollte. In der Filmsequenz wird die Einstellung ein und desselben Männergesichts mit verschiedenen anderen Bildern abgewechselt (einem Suppenteller, einem aufgebahrten toten Mädchen und einer leichtbekleideten Frau auf einem Diwan). Diese Objekte wurden vom Publikum als Auslöser unterschiedlicher Emotionen verstanden. Je nachdem, welches Bild gezeigt wurde, interpretierten die Betrachter den Ausdruck des Gesichts als Hunger, Trauer oder sexuelles Verlangen.

Studien haben versucht, diesen Effekt mit den Mitteln der modernen empirischen Psychologie zu bestätigen.[3] Ein Algorithmus hätte in diesem Fall wohl einen neutralen Gesichtsausdruck festgestellt. Kommt er der Sache näher als die menschliche Praxis der Emotionszuschreibung, die kontextuelle Faktoren berücksichtigt? Oder verhält es sich genau umgekehrt und muss ein künstliches System an der Emotionserkennung scheitern, weil es den Kontext nicht miteinbezieht?

Neben dem Bezugsobjekt könnte auch der soziale und kulturelle Kontext bei der Zuschreibung von Emotionen eine Rolle spielen. So besitzt ein Lächeln in der japanischen Kultur eine andere Bedeutung als in den USA oder in Europa. Für Ekman überformen kulturelle Regeln des Emotionsausdrucks lediglich die weitgehend biologisch angelegten basalen Emotionen, die sich trotzdem in Form von Mikroausdrücken ihren expressiven Weg bahnen. Emotionen sind für ihn »undichte Stellen«, an denen das ansonsten private Innenleben einer Person unfreiwillig nach außen dringt. Doch selbst wenn man ihm diesen Punkt zugesteht, sind zumindest die nichtbasalen Emotionen stark vom kulturellen Kontext abhängig, so dass die gesichtsbasierte Emotionserkennung nur einen eingeschränkten Einsatzbereich besitzt.

Problematisch ist weiterhin, dass die gesichtsbasierte Emotionserkennung rassistischen Vorurteilen unterliegt. So wurden schwarzen Basketballspielern von einschlägigen Algorithmen selbst dann deutlich mehr negative Emotionen wie Ärger oder Verachtung zugeschrieben, wenn sie lächelten.[4] Eine technische Lösung für den Umgang mit solchen Vorurteilen bestünde in einer entsprechenden Erweiterung der Datenbasis sowie der Auswahl menschlicher Annotatoren, die die Zuordnung von Gesichtsausdrücken und Emotionen in den Trainingsdaten unter Diversitätsgesichtspunkten vornehmen. Manche Firmen werben deshalb mit einer diversifizierten Datenbank.

Die grundsätzliche Frage ist, ob eine rein technische Lösung befriedigen kann oder ob nicht immer gewisse Personengruppen ausgeschlossen sein werden. So sperrte Uber aufgrund von Fehlern bei der Gesichtserkennung die Accounts von Transgender-Fahrern.[5]

## Stimmbasierte Emotionserkennung

Neben dem Gesicht kann auch der stimmliche Ausdruck zur Emotionserkennung genutzt werden. Im Vordergrund stehen hierbei nicht die Wortbedeutungen, sondern die akustischen und prosodischen Eigenschaften des Sprechens. Bereits in den 1970er und 80er Jahren gab es stimmbasierte Stresstests, die in sehr kurzen Sprachauszügen ein winziges Beben (engl. *microtremor*) mit einer Bandbreite von 8–14 Hz als unbeabsichtigtes Anzeichen psychischen Stresses erkennen sollten.[6]

Im Unterschied zur gesichtsbasierten Emotionserkennung verwendet die stimmbasierte Emotionserkennung zumeist ein dimensionales Ordnungssystem. Emotionen werden nicht einem bestimmten Typus zugeordnet, sondern anhand graduierbarer Merkmale in einem Koordinatensystem verortet. Zwei Hauptdimensionen einer solchen Einteilung bilden die Valenz (positiv – negativ) und der Erregungsgrad. Diese beiden Dimensionen lassen sich als orthogonale Achsen darstellen, um deren Schnittpunkt die Emotionen kreisförmig angeordnet sind.[7] Jede Emotion wird durch einen bestimmten Vektor aus Valenz und Erregung dargestellt. Das Modell kann um weitere Dimensionen wie Dominanz ergänzt werden. Diese Dimension gibt an, wie viel Kontrolle oder Macht jemand in einer Situation ausübt.

Die stimmbasierte Analyse bezieht sich in erster Linie auf die Erregungsachse. Die Parameter lassen sich jedoch genauer ausdifferenzieren, etwa in Bezug auf Lautstärke, Tonhöhe oder Sprechgeschwindigkeit. So weist Ärger ein Muster mit gesteigerter Lautstärke und Tonhöhe auf, während bei Furcht die Tonhöhe und die Sprechgeschwindigkeit höher sind. Auch die Anzahl der Pausen sowie die Häufigkeit von Überschneidungen, die entstehen, wenn eine Person einer anderen ins Wort fällt, werden berücksichtigt.

Ein Anwendungsfeld der stimmbasierten Emotionsanalyse sind Call-Center. Dort sollen die Stimmen von Kunden und Call-Center-Mitarbeitern analysiert werden, um herauszufinden, wann eine Situation aus dem Ruder läuft. Mitarbeiter werden anhand solcher Aufnahmen gezielt darauf trainiert, anhand bestimmter Strategien mit diesen Situationen umzugehen und die Kunden zu einem erwünschten Verhalten zu bringen. Auch für Amazons persönlichen Assistenten *Alexa* gibt es seit 2019 eine stimmbasierte Emotionserkennungssoftware, die die Dimensionen Valenz, Erregung und Dominanz miteinander kombiniert.[8] Ein künstliches neuronales Netz wurde hierfür mit Hilfe öffentlich zugänglicher Daten trainiert.

Einige Firmen haben Apps entwickelt, um an die entsprechenden Daten zu kommen. Eine der ersten war das Programm *Moodies* des israelischen Start-ups Beyond Verbal (später fusioniert zu Vocalis Health). Die für Apple- und Android-Geräte verfügbare App bringt Menschen dazu, die stimmbasierte Emotionserkennung spielerisch auszuprobieren. Dabei generieren sie Daten, um das System zu trainieren. Das Programm soll für über 25 Sprachen funktionieren, darunter Mandarin, Kantonesisch sowie Vietnamesisch. In der Coronakrise arbeitete Vocalis Health daran, anhand von Stimmanalyse Hinweise auf eine Infektion mit Covid-19 zu gewinnen.

Stimmbasierte Emotionserkennung wird zudem als Mittel für die Zuschreibung bestimmter Persönlichkeitsmerkmale eingesetzt. Die Produkte von Beyond Verbal beispielsweise sollten in der Lage sein, die Sprecher einem Persönlichkeitstyp zuzuordnen, der auf recht undurchsichtige und spekulative Art und Weise aus drei fundamentalen unbewussten Trieben und diversen neurophysiologischen Prozessen abgeleitet wurde.[9] Die drei Grundtypen wurden S-, H-, und G-Typ genannt. Während der S-Typ (engl. *survivalist*) sich latent bedroht fühlt und stets bereit ist, auf eine existentielle Bedrohung zu reagieren, ist der H-Typ (engl. *homeostatist*) vorwiegend an Routine und der Aufrechterhaltung des Status quo orientiert, während der G-Typ (engl. *growth*) an allem Möglichen interessiert ist und sich durch ein Streben nach persönlichem Wachstum auszeichnet.

Solche Zuschreibungen sollen etwa in Bewerbungsgesprächen eingesetzt werden. Und es ist klar, welcher Typus das Rennen machen würde. Auch die klassischen Big Five aus der Persönlichkeitspsychologie wurden (unter anderem gefördert von der deutschen Telekom) bereits im Zusammenhang mit der stimmbasierten Emotionsanalyse untersucht.[10] Es handelt sich um die Charakterzüge: Offenheit für Erfahrungen, Gewissenhaftigkeit, Aufgeschlossenheit (Extroversion), Sozialverträglichkeit sowie emotionale Labilität und Verletzlichkeit (Neurotizismus).

Fast noch mehr als von gesichtsbasierten Verfahren verspricht man sich von der stimmbasierten Emotionserkennung einen unmittelbaren Zugang zu zentralen Aspekten des Innenlebens und der Persönlichkeit, der nicht der bewussten Kontrolle unterliegt. Allerdings bleiben auch im Hinblick auf die Zuverlässigkeit dieser Methode viele Fragen offen, etwa nach kulturell oder sprachlich bedingten Unterschieden oder dem Umgang mit Verstellung, Ironie oder Sarkasmus.

### Sentimentanalyse

Während die stimmbasierte Emotionsanalyse von den gesprochenen Inhalten abstrahiert, konzentriert sich die Sentimentanalyse auf die Sprachbedeutung. Diese Technologie analysiert die Bedeutungsdimensionen sprachlicher Äußerungen, um die jeweilige Gefühlslage der Sprecher herauszufinden. Gegenstand der Analyse können Phrasen, Sätze oder ganze Dokumente sein.

Im Rahmen der Sentimentanalyse kommt der Valenz von sprachlichen Ausdrücken eine besondere Bedeutung zu. Valenz ist als Kategorie ebenso wie Erregung zwar zu undifferenziert, um bestimmte Emotionstypen eindeutig zuzuschreiben. Das Verfahren kann jedoch dafür eingesetzt werden, um herauszufinden, ob eine Zielgruppe einem Produkt, einer Marke, einer Dienstleistung, aber auch einer Institution oder politischen Partei positiv oder negativ gegenübersteht. Die Entwicklung der Stimmung an den Aktien- und Finanzmärkten sowie das Entstehen sozialer Unruhen oder Protestbewegungen im Rahmen der vorhersagenden Polizeiarbeit (engl. *predictive policing*) stellen weitere Anwendungsbereiche dar. Auch die Identifikation potentieller Terroristen aufgrund ihrer Befindlichkeitsäußerungen in sozialen Netzwerken wird angestrebt.

Verwendet werden für die Sentimentanalyse lexikonbasierte Ansätze oder maschinelles Lernen. Die Grundlage lexikonbasierter Ansätze bilden Wörterbücher, in denen die Wörter einer Sprache als positiv oder negativ konnotiert eingeordnet werden. Hinzu können syntaktische Merkmale wie die Stellung eines Wortes im Satz oder die Verwendung von Superlativen kommen. Maschinelles Lernen verzichtet auf den Gebrauch von Wörterbüchern und trainiert künstliche Systeme mit Hilfe von Mustererkennung in einer bestimmten Datenmenge darauf, positive oder negative Äußerungen zu erkennen. Ein wichtiges Reservoir an Daten für die Sentimentanalyse bieten die sozialen Medien wie Facebook oder Twitter. Entsprechende Daten wurden etwa genutzt, um die Veränderungen der Gefühlslage im Lauf der Coronakrise zu untersuchen.

Über die sozialen Medien lassen sich Emotionen mit Hilfe von Sentimentanalyse nicht nur erkennen, sondern auch beeinflussen. So untersuchten einige Wissenschaftler der Cornell University in Kooperation mit Facebook die Verbreitung von Gefühlen über das soziale Netzwerk.[11] Die Studie wurde zwischen dem 11. und 18. Januar 2012 durchgeführt und geriet stark in die Kritik, weil sie Einfluss auf die Gefühle der Nutzer nahm, ohne diese vorab zu informieren. In diesem Zeitraum wurden die Newsfeeds von knapp 700 000 Personen, die auf den englischen Facebookseiten eingeloggt waren, ohne deren Wissen manipuliert. Eine direkte emotionale Interaktion der Personen untereinander konnte ausgeschlossen werden.

Bei der einen Gruppe wurde die Anzahl der positiven Inhalte in ihrem Newsfeed reduziert. Dies führte dazu, dass diese auch weniger positive Posts absetzten. Bei der anderen Gruppe wurden die negativen Inhalte mit dem entgegengesetzten Effekt verringert. Das Resultat der Studie lautete, dass die im sozialen Netzwerk verbreiteten Emotionen die Gefühlslage der Nutzer entsprechend beeinflussen. Dies wurde als Beweis dafür gewertet, dass es eine massive emotionale Ansteckung über soziale Netzwerke allein über die Inhalte gibt, ohne andere Parameter des Emotionsausdrucks miteinzubeziehen.

Dadurch eröffnen sich weitreichende Möglichkeiten der politischen Einflussnahme. Politische Kampagnen nehmen sich Marketing- und Konsumentenanalysen zum Vorbild. Die Sentimentanalyse soll einen Einblick in Gefühle und Stimmungen sowie politische Einstellungen in den sozialen Medien vermitteln. Die Zielgruppen werden dann durch gezielte Werbung und auf die Person zugeschnittene Botschaften angesprochen. In den Fokus der öffentlichen Wahrnehmung gerieten diese Praktiken besonders durch die dubiosen Aktivitäten der mittlerweile insolventen Firma Cambridge Analytica.

Besonders umstritten ist der Einsatz von *Social Bots*, die in sozialen Netzwerken vorgeben, echte Menschen zu sein, aber durch eine Software gesteuert sind. Es gibt regelrechte Botnetze, also miteinander verbundene Accounts, die sich gegenseitig folgen und ihre Inhalte weiterverbreiten. Sie können sogar Netzwerke aufeinander reagierender Softwareagenten bilden, die großen Einfluss auf die Verbreitung von Stimmungen, Gefühlen und politischen Einstellungen in sozialen Netzwerken nehmen und zum politischen Agenda-Setting beitragen können. Im Unterschied zu ihren harmloseren Vettern, den Chatbots, dient ihre Kommunikation allerdings dazu, Menschen zu täuschen und zu manipulieren. *Trollbots* verfolgen ausschließlich den Zweck, die Kommunikation zu stören und Verunsicherung zu erzeugen. Nicht wenige haben ihren Ursprung in russischen Trollfabriken.

Sentimentanalyse kann also nicht nur eingesetzt werden, um Stimmungen und Gefühle in sozialen Netzwerken zu beschreiben, sondern auch, um sie zu manipulieren oder sogar überhaupt erst zu erzeugen. Auf diesem Weg lassen sich politische Einstellungen und das Wahlverhalten beeinflussen. Nicht nur diese Vorgehensweise als solche ist kritisch zu betrachten, auch die Emotionen und Einstellungen, um die es geht, sind oft fragwürdig: Hass, Aggression und Vorurteile.

Soziale Medien weisen deshalb Tendenzen auf, die einer rationalen, komplexen und faktenbasierten politischen Auseinandersetzung zuwiderlaufen. Umso mehr gewinnt die Strategie an Bedeutung, die richtigen »emotionalen Knöpfe« zu drücken, um die Menschen unmittelbar und schnell zu beeinflussen. Diese Entwicklungen stellen eine große Herausforderung für das Verständnis und die Gestaltung von Öffentlichkeit und Demokratie dar.[12]

## Bio-Sensoren

Viele Emotionen umfassen körperliche Veränderungen, etwa der Herzfrequenz, der elektrischen Leitfähigkeit der Haut, der Muskelspannung, der Atemfrequenz und der elektrischen Aktivität des Gehirns. Die automatische Emotionserkennung mit Hilfe von Bio-Sensoren versucht, physiologische Veränderungsmuster zu identifizieren und bestimmten Emotionen zuzuordnen.

Zu diesem Zweck können verschiedene Methoden benutzt werden, die sich darin unterscheiden, wie invasiv und wie zuverlässig sie sind. Einige Geräte lassen sich nur unter kontrollierten Laborbedingungen einsetzen, weil sie sehr empfindlich sind oder einen komplizierten Aufbau erfordern, andere kann man im Alltag mit sich führen (engl. *wearables*). Die Apparate werden zunehmend kleiner, vielseitiger und leichter miteinander vernetzbar.

Eine klassische Methode ist das Elektrokardiogramm (EKG), das die elektrische Aktivität des Herzens misst. Die Herzaktion wird über Elektroden abgeleitet und auf einem Schreiber als Kurve dargestellt. Lange Zeit war die Durchführung eines EKG recht umständlich und nur in einer Arztpraxis oder einem Krankenhaus durchführbar. Elektroden mussten mit einem elektrisch leitfähigen Gel auf die Haut der Patienten aufgebracht und über Kabel mit einem EKG-Gerät verbunden werden. Mittlerweile werden jedoch Smart Watches (etwa von Apple) entwickelt, die – neben der Messung anderer Körperdaten – auch ein einfaches EKG durch Kontakt mit einem Finger erstellen können. Allerdings bleibt die Genauigkeit hinter klinischen EKG-Messgeräten zurück. Smartphones sind deshalb nicht dazu geeignet, Herzinfarkte oder Blutgerinnsel zu entdecken.

Andere Verfahren, die ebenfalls in Smart Watches eingesetzt werden, sind die optische Messung der Pulswellen oder der Sauerstoffsättigung des Bluts. Messbar sind außerdem etwa die Atemfrequenz sowie die Hauttemperatur und elektrische Leitfähigkeit der Haut, die ein Indikator der Schweißproduktion ist. Diese Informationen helfen bei der Emotionserkennung. So erhöht sich bei Furcht die Frequenz des Pulses, die Atemfrequenz sowie die elektrische Leitfähigkeit der Haut. Doch auch die Messung der Muskelspannung oder Bewegungsdaten können Aufschluss über den emotionalen Zustand einer Person geben.

Allerdings sind die physiologischen Reaktionen für sich genommen häufig zu unspezifisch, um einer bestimmten Emotion eindeutig zugeordnet werden zu können. So kann eben auch ein kräftiger Niesreiz bei einer entspannten Person zu einem heftigen Anstieg der Herzfrequenz, des Blutdrucks und der Hautleitfähigkeit führen. Psychologische Experimente zeigten zudem bereits in den 1960er Jahren, dass künstlich induzierte physiologische Veränderungen bei den Versuchspersonen zu unterschiedlichen Emotionen führten, je nachdem, was als das Bezugsobjekt der Emotion interpretiert wurde.[13]

Aus diesem Grund ist es naheliegend, die physiologischen Messverfahren durch die Erhebung anderer Parameter zu ergänzen, wie etwa die stimmbasierte Analyse. Ein solches Verfahren setzt beispielsweise ein von der Firma audEERING entwickelter Fitnesstracker ein, der am Ende des Tages eine umfangreiche Zusammenfassung der Emotionen der Nutzer über den Tag verteilt visuell darstellt. Ziel ist es, den Nutzer zu motivieren, sein Wohlbefinden aktiv zu steigern und negative Emotionen sowie Stress zu minimieren. Auch audiovisuelle Stimuli, die eine bestimmte physiologische Reaktion mit einem bestimmten Auslöser in Zusammenhang bringen, können hinzugezogen werden. Die Aufzeichnung von Bewegungsmustern kann ebenfalls zur Emotionserkennung beitragen.

Emotionserkennung mit Hilfe von Bio-Sensoren zielt besonders auf Gesundheits- und medizinische Anwendungen ab. Das Wohlbefinden der Nutzer soll gemessen und etwa das Stressmanagement erleichtert werden. Die Emotionstracker sollen zusätzlich Hinweise auf mentale Erkrankungen wie Depressionen geben. Menschen, die unter einer Autismus-Spektrum-Störung leiden, werden als eine besondere Zielgruppe anvisiert. Sie haben nicht nur Schwierigkeiten, Emotionen bei anderen zu erkennen, sondern sind häufig auch in ihrem Emotionsausdruck durch Mimik, Gestik oder Stimme beeinträchtigt. Die Emotionsregulation bereitet ihnen ebenfalls Probleme. So besteht nicht selten eine Neigung zu unkontrollierten

Wutausbrüchen. Mit Bio-Sensoren ausgestattete Wearables sollen ihnen selbst und anderen einen leichteren Zugang zu ihrem Gefühlsleben geben und es ihnen auf diese Weise ermöglichen, mit ihren Emotionen besser umzugehen.

Doch auch im Wellness-Bereich und in der Unterhaltungsindustrie wurden eine Reihe von Anwendungen entwickelt. So können entsprechend der jeweiligen Stimmungslage Fernsehprogramme empfohlen oder Beleuchtungen angepasst werden. Bei Computerspielen kann die Emotionserkennung durch Bio-Sensoren im Zusammenspiel mit anderen Technologien eingesetzt werden, um die Spielerfahrung zu intensivieren und zu erweitern.[14] Diese Idee geht bereits bis in die 1980er Jahre zurück, setzte sich allerdings kommerziell lange Zeit nicht durch, weil die Technologie zu teuer war und nicht wirklich zu einer umwälzend neuen Spielerfahrung führte.

Neuere Entwicklungen arbeiten an verbesserten Feedback-Schleifen, die den Spielverlauf den Emotionen des Spielenden anpassen. So weist das Spiel *Nevermind* beispielsweise Bio-Sensoren und gesichtsbasierte Emotionserkennung der Firma Affectiva auf. Zeigt der Spielende dieses First-Person-Thrillers Anzeichen von Furcht, so wird der Ablauf des Spieles gestört. Gelingt es ihm, seine Furcht wieder unter Kontrolle zu bekommen, verschwinden die Schwierigkeiten. Der Hersteller wirbt damit, dass das Spiel im Rahmen der Therapie von Angststörungen eingesetzt werden könne, um zu lernen, seine Emotionen zu kontrollieren.

### Multimodale Ansätze

Multimodale Ansätze versuchen die Zuverlässigkeit der Emotionserkennung zu steigern, indem verschiedene Modalitäten berücksichtigt werden. Schließlich bedienen sich auch Menschen bei der Emotionserkennung vielfältiger Informationskanäle. Die Zusammenführung von Informationen aus verschiedenen Modalitäten ist besonders dann zielführend, wenn keine Laborbedingungen vorliegen. So kann die Stimme über jemandes Emotionen in einer Situation zuverlässiger Auskunft geben, in der beispielsweise keine oder schlechte visuelle Daten zum Gesichtsausdruck vorliegen. Sind hingegen starke Hintergrundgeräusche gegeben, während die visuellen Bedingungen gut sind, verhält es sich gerade umgekehrt. Allerdings stehen multimodale Ansätze auch vor besonderen Herausforderungen. Eine Schwierigkeit besteht bereits darin, an entsprechende multimodale Trainingsdatensätze einer größeren Anzahl von Versuchspersonen heranzukommen. Ungelöst ist auch die Frage, wie man die Daten aus unterschiedlichen Modalitäten zusammenführen kann: Wie geht man mit raumzeitlichen Unterschieden um? Welche Gewichtung sollen die Daten aus den jeweiligen Modalitäten erhalten? In welcher Form werden sie zusammengeführt? Zudem liegen nicht immer Daten aus allen Modalitäten vor. Das kann an fehlenden oder falschen Eingaben liegen, aber auch daran, dass nicht alle Emotionen in jeder Modalität gleichermaßen gut erkennbar sind. Daten aus verschiedenen Modalitäten können sogar zu inkonsistenten Emotionszuschreibungen führen. Da der Versuchsaufbau verschiedener multimodaler Ansätze stark variiert, bleibt es schwierig, die Resultate der Studien miteinander zu vergleichen und gegebenenfalls zu wiederholen.

## Große Sprachmodelle

Es zeichnet sich ab, dass die großen Sprachmodelle auch dabei sind, die Emotionserkennung zu revolutionieren. Besonders unmittelbar ergibt sich die Anwendung im Bereich der Sentimentanalyse. Die Stärken großer Sprachmodelle liegen in der Fähigkeit, auch mit komplexen sprachlichen Äußerungen umgehen zu können und eine große Bandbreite an Trainingsdaten einzuschließen.

Bereits jetzt werden große Sprachmodelle von Social-Media-Firmen und im Marketingbereich eingesetzt. So verwendet Netflix sie zur Sentimentanalyse von Kundenrezensionen über Filme, um auf dieser Grundlage Empfehlungen für andere Kunden zu generieren. Andererseits haben auch kleine, stärker auf die Emotionserkennung spezialisierte Programme in bestimmten Kontexten Vorteile.[15] Die Leistung der großen Sprachmodelle lässt sich ebenfalls verbessern, indem man Anpassungen auf der Softwareebene vornimmt oder die Trainingsdaten entsprechend auswählt. Die Funktionalität kann auch durch Plug-ins auf bestimmte Nutzer oder Anwendungsbereiche zugeschnitten werden.[16]

Einen großen Einfluss hat die Auswahl geeigneter Prompts, also der Fragen oder Anweisungen, die einem großen Sprachmodell gegeben werden, um ihm die gewünschten Antworten zu entlocken. Im Bereich der Sentimentanalyse kann man etwa einen bestimmten Text eingeben und mit einem emotionalen Bewertungslabel versehen. Eine Eingabe könnte beispielsweise lauten: »Ich finde dieses Produkt toll, es funktioniert super und lässt sich einfach anwenden.« Daran anschließend gibt man ein, dass es sich um eine positive affektive Bewertung handelt.[17] Dieser Vorgang wird mit verschiedenen Beispielen so lange wiederholt, bis das System die Aufgabe zu lösen gelernt hat und die richtigen Zuordnungen für neue Eingaben hervorbringt.

Erwähnenswert ist in diesem Zusammenhang auch, dass sich die Leistungsfähigkeit großer Sprachmodelle durch geeignete emotionale Prompts steigern lässt. Das kommt einer Form der emotionalen Intelligenz gleich, wie sie Minsky schon lange für unabdingbar hält, um komplexe kognitive Aufgaben zu lösen.[18] Wird einer Eingabe beispielsweise durch den Hinweis: »Dies ist sehr wichtig für meine Karriere!« emotionaler Nachdruck verliehen, so sollen die Ergebnisse des Systems besser sein.[19]

Doch nicht nur im Bereich der Sentimentanalyse, auch bezogen auf die anderen Methoden der Emotionserkennung versprechen die großen Sprachmodelle einen Entwicklungsschub. Grundsätzlich können dabei zwei Wege beschritten werden, die einander nicht ausschließen: Zum einen kann man die Trainingsdaten der großen Sprachmodelle auf andere Modalitäten erweitern und etwa visuelle und akustische Informationen einschließen. Das bietet sich insbesondere für die gesichts- sowie für die stimmbasierte Emotionserkennung an. Zum anderen lassen sich die großen Sprachmodelle mit bestehenden Werkzeugen zur Emotionserkennung wie einem gesichtsbasierten Emotionserkennungssystem verknüpfen.[20]

## Technische Herausforderungen und ethische Probleme

Die Versprechungen der Emotionserkennungsindustrie sind vollmundig. Automatische Emotionserkennung soll nicht nur dazu dienen, auf den emotionalen Zustand eines Individuums abgestimmte Werbung im Internet, in der Öffentlichkeit oder im Einzelhandel einzublenden. Sie soll potentielle Terroristen identifizieren, das Autofahren sicherer machen, Frustration im Klassenzimmer frühzeitig erkennen, die Wohnumgebung an die Stimmung anpassen, die Immersionserfahrung beim Computerspielen steigern, psychische Krankheiten erkennen und Menschen helfen, die bei der Emotionserkennung und -regulation Schwierigkeiten haben.

Doch es gibt auch zahlreiche Kritikpunkte an der automatischen Emotionserkennung. So gibt es Kritik an der Zuverlässigkeit der eingesetzten Verfahren.[21] Die gesichtsbasierte Emotionserkennung tut sich nicht nur mit der Diversität schwer und unterliegt rassistischen Vorurteilen, sondern weist auch grundlegende Mängel bei der Identifikation psychischer Störungen wie Depression auf. Doch auch andere der vorgestellten Verfahren stehen in der Kritik. Ein weiteres zentrales Problem besteht in der Wahrung der Privatsphäre, denn die Emotionserkennung erhebt sensible Daten, von denen kaum jemand wollen kann, dass andere darüber verfügen. Viele mobile Anwendungen übertragen die Daten von den Geräten der Nutzer auf zentrale Server, wo sie gespeichert und ohne ihre Zustimmung weiterverwendet werden können. Selbst dann, wenn die Daten anonymisiert werden, könnte man es als Verstoß gegen die informationelle Selbstbestimmung werten, dass Nutzer über die Speicherung und Nutzung ihrer Daten häufig nicht Bescheid wissen.

Schnell könnten wir uns in einer ähnlichen Lage befinden wie die Insassen jenes Panopticons, das der britische Philosoph und Ökonom Jeremy Bentham im 18. Jahrhundert erdachte, um die Effizienz des Strafvollzugs zu steigern. In dieser Gefängniskonstruktion kann durch eine komplexe Architektur jeder Gefangene im Prinzip jederzeit von einem Wärter überwacht werden, ohne selbst wissen zu können, wann er Objekt der Überwachung ist. Auch wenn man nicht rund um die Uhr überwacht wird, reicht allein die Tatsache, dass man permanent überwacht werden *könnte*, als Maßnahme zur Disziplinierung der Gefangenen aus.

Der französische Philosoph Michel Foucault hat diesen Gedanken auf die moderne Gesellschaft übertragen.[22] Er charakterisiert deren Institutionen wie etwa Schule, Arbeitsplatz oder Krankenhaus durch die ständige Möglichkeit, beobachtet zu werden. Das führe dazu, dass sich die permanent unter potentieller Beobachtung stehenden Individuen selbst disziplinieren und ihr Verhalten an die Normen der Gesellschaft anpassen. Die gesellschaftlichen Normen werden auf diese Weise verinnerlicht, und der Selbstzwang mache die tatsächliche Überwachung letztendlich sogar überflüssig.

Allein die Möglichkeit, beobachtet zu werden, führt deshalb dazu, dass man in seiner Selbstbestimmung eingeschränkt ist, wie das Bundesverfassungsgericht schon in seinem Urteil zur Volkszählung von 1983 feststellte. Doch ist dieses Urteil in der heutigen Zeit noch aktuell, in der viele Menschen durchaus bereit zu sein scheinen, auf informationelle Selbstbestimmung zu verzichten, um soziale Medien und andere Internetangebote nutzen zu können?

Hierauf lässt sich dreierlei erwidern. Erstens birgt auch der freiwillige Verzicht auf informationelle Selbstbestimmung Gefahren, weil dadurch nicht nur bestimmte Formen und Dimensionen selbstbestimmten und authentischen Lebens unmöglich gemacht oder zumindest eingeschränkt werden. Personen, die permanent beobachtbar und identifizierbar sind, verändern ihr Selbstverständnis grundlegend. Dadurch werden auch die Grundlagen der Demokratie in Frage gestellt, die eben auf dem Ideal beruhen, dass Subjekte nicht nur autonom sind, sondern sich dieser Autonomie auch bewusst sind und sie wertschätzen.[23]

Zweitens bedroht die emotionale künstliche Intelligenz nicht nur die Privatsphäre, sondern die Intimsphäre, also den Bereich unserer persönlichsten Gedanken und Gefühle, einschließlich unseres Sexuallebens, die uns als Personen ganz grundlegend ausmachen. Der Zugriff auf diesen Bereich gefährdet die Selbstbestimmung auf eine ganz neue Art und in einem bisher nicht gekannten Umfang. Schließlich werden drittens diese intimen Informationen nicht nur erhoben, sondern auch zur Beeinflussung des Verhaltens genutzt. Es geht also letztlich um die Manipulation von Emotionen. Dem Einsatzbereich emotionaler künstlicher Intelligenz sind dabei keine Grenzen gesetzt, wie die folgende Liste belegt, ohne Anspruch auf Vollständigkeit zu erheben.[24]

| Bereich | Typische Methoden | Verwendungszweck |
|---|---|---|
| Werbung und Marktanalyse | gesichtsbasierte Emotionserkennung, Sentimentanalyse, Stimmanalyse, biometrische Verfahren | Erfassung von Präfenzen und Reaktionen auf Marken und Werbung, Optimierung und Personalisierung von Markenerscheinung und Werbung |
| Gesprächsinterfaces | gesichtsbasierte Emotionserkennung, Sentimentanalyse, Stimmanalyse, biometrische Verfahren | Verbesserung der Interaktion mit technischen Geräten, Dienstleistungen und Inhalten |
| Smart Cities und öffentlicher Raum | gesichtsbasierte Emotionserkennung, Sentimentanalyse, biometrische Verfahren | Personalisierte Werbung im öffentlichen Raum, Erfassung der Bürgerzufriedenheit (z. B. in Dubai) |
| Datenbroker | gesichtsbasierte Emotionserkennung, Sentimentanalyse, biometrische Verfahren | Sammlung und Zusammenführung von Daten, um sie an unterschiedliche Kunden für kommerzielle Zwecke zu verkaufen. |
| Bildung | gesichtsbasierte Emotionserkennung, biometrische Verfahren | Analyse des Verhaltens von Schülern und der Konzentration beim Lernen |
| Finanzsektor | Sentimentanalyse (insbesondere in den sozialen Medien) | Erkennung von Emotionen und Stimmungen, die den Aktienmarkt beeinflussen |

| Bereich | Typische Methoden | Verwendungszweck |
|---|---|---|
| Arbeitswelt | gesichtsbasierte Emotionserkennung, Sentimentanalyse, Stimmanalyse, biometrische Verfahren | Überprüfung von Bewerbern auf ihre Persönlichkeit, Belastbarkeit und Eignung für eine bestimmte Arbeitsstelle, Messung von Motivation und Leistungsfähigkeit am Arbeitsplatz |
| Computerspiele | gesichtsbasierte Emotionserkennung, biometrische Verfahren | Verbesserung der Immersion und des Spielerlebnisses |
| Gesundheitswesen | gesichtsbasierte Emotionserkennung, Sentimentanalyse, Stimmanalyse, biometrische Verfahren | Erfassung des geistigen und körperlichen Zustands, Registrierung psychischer Auffälligkeiten und Störungen, Begleitung von Patienten durch Assistenten, therapeutische Angebote |
| Smart Home | gesichtsbasierte Emotionserkennung, Sentimentanalyse, Stimmanalyse, biometrische Verfahren | Personalisierte Haushaltsgeräte und Dienstleistungen, persönliche Assistenten, Medien |
| Versicherungswesen | gesichtsbasierte Emotionserkennung, Sentimentanalyse, biometrische Verfahren | Einschätzung emotionaler Dispositionen der Versicherungsnehmer und ihrer psychischen Gesundheit |
| Polizei und öffentliche Sicherheit | gesichtsbasierte Emotionserkennung, Sentimentanalyse, biometrische Verfahren | Erfassung und Beeinflussung von Stimmungen in der Öffentlichkeit, die zu Unruhen führen könnten, Beurteilung emotionaler Zustände und der psychischen Gesundheit von Beamten oder Anwärtern, Identifikation potentieller Terroristen |

| Bereich | Typische Methoden | Verwendungszweck |
|---|---|---|
| Politik | Sentimentanalyse | Erfassung und Beeinflussung von Stimmungen und emotionalen Reaktionen auf Parteien, politische Maßnahmen, Programme und Initiativen, Wahlkampf |
| Sexroboter | gesichtsbasierte Emotionserkennung, Sentimentanalyse, Stimmanalyse, biometrische Verfahren | Verbesserung der sexuellen Erfahrung und der Interaktionsmöglichkeiten mit Sexrobotern |
| Soziale Medien | Sentimentanalyse | Erfassung von Emotionen und Gefühlen, um individuelle Profile zu erstellen und individuelles sowie Gruppenverhalten vorherzusagen und zu beeinflussen |
| Einzelhandel | gesichtsbasierte Emotionserkennung, Sentimentanalyse, biometrische Verfahren | Analyse und Beeinflussung des Käuferverhaltens in Geschäften, mögliche Verknüpfung mit Online-Profilen |
| Wearables | biometrische Verfahren | Verfolgung von emotionalen Reaktionen und Stimmungen von Individuen |
| Große Sprachmodelle | Sentimentanalyse, gesichts- und stimmbasierte Emotionserkennung, biometrische Verfahren | Multiple Einsatzfelder |

Tabelle 2: Anwendungsbereiche emotionaler KI

Angesichts dieser vielfältigen Einsatzmöglichkeiten wird deutlich, dass sich emotionale künstliche Intelligenz nicht auf einige wenige Anwendungskontexte beschränkt, sondern im Begriff ist, sämtliche Lebensbereiche zu durchdringen, und zwar bis hinein in unsere intimsten Beziehungen. Dabei können verschiedene Anwendungsbereiche, Methoden und Verwendungszwecke miteinander kombiniert werden.

Die dystopische Zukunftsvision einer Welt, in der emotionale künstliche Intelligenz jede Gefühlsregung erfasst, hat die Schriftstellerin Marlene Streeruwitz in der Kurzgeschichte *Zurück auf Punkt Eins* (2020) entworfen. Der Protagonistin dieser Geschichte bleibt am Ende nichts anderes übrig, als eine Art emotionaler Mimikry zu betreiben, um eine allumfassende emotionale künstliche Intelligenz zu täuschen. Indem sie sich ganz auf die Rezitation von Passagen aus Goethes *Wilhelm Meister* konzentriert, versetzt sie sich in einen emotional unverfänglichen Zustand, der es ihr erlaubt, dem Raster des Systems zu entkommen und den Weg in die Freiheit zu gehen.

Und wie sieht es mit der Empathie aus? Häufig wird emotionale KI damit beworben, dass künstliche Intelligenz nun endlich empathisch werde. Was ist dran an dieser vollmundigen Verheißung? Menschen erkennen die Emotionen ihrer Mitmenschen nicht in erster Linie auf der Grundlage objektiver Faktoren, sondern indem sie deren Emotionen auch mitfühlen. Diese Fähigkeit geht den automatischen Emotionserkennungssystemen ab.

Man kann darin eine gewisse Parallele zu Psychopathen sehen, die sich im landläufigen Verständnis durch die Unfähigkeit zur Empathie auszeichnen.[25] Sie können dabei durchaus anhand objektiver Anzeichen auf die Emotionen ihrer Mitmenschen schließen und setzen diese Fähigkeit zu manipulativen Zwecken ein. Auch künstliche Systeme, die Emotionen erkennen, dienen in den meisten Fällen manipulativen Zwecken. Diese Zwecke setzen sich die Systeme natürlich – anders als Psychopathen – nicht selbst, sondern sie werden ihnen von ihren Entwicklern vorgegeben. Emotionale KI soll uns zu einem gewünschten Verhalten bringen, wie ein bestimmtes Produkt zu kaufen, uns beim Autofahren nicht aufzuregen, motivierter zu lernen, produktiver zu arbeiten oder einen bestimmten politischen Kandidaten zu wählen.

Die Kritik an der Empathielosigkeit künstlicher Systeme ist nicht ohne Resonanz geblieben. Es wurden eine Reihe von Ansätzen entwickelt, um Formen emotionaler künstlicher Intelligenz zu schaffen, die nicht nur menschliche Emotionen erkennen, sondern auch zu Empathie befähigt sind. Dieses Forschungsprogramm firmiert unter dem Namen *Artifizielle Empathie.*

# 3. Menschliche und artifizielle Empathie

Das Wort ›Empathie‹ hat griechische Wurzeln, doch geht unser Verständnis des Begriffs auf das 19. Jahrhundert zurück. Einflussreich war die englische Übersetzung des deutschen Begriffs ›Einfühlung‹ als ›Empathy‹ im Kontext der Ästhetik dieser Zeit. Inzwischen ist der Begriff ›Empathie‹ als Lehnwort in die deutsche Sprache eingewandert. Es bietet sich an, diesen Begriff als Terminus technicus zu verwenden. Er hat gegenüber dem Begriff der Einfühlung den Vorteil, dass er nicht nahelegt, es handele sich um eine Aktivität, ein Sich-in-jemanden-Hineinversetzen. Wie wir sehen werden, ist eine solche aktive Teilnahme gar nicht immer erforderlich, um Empathie zu empfinden.

## Kognitive oder affektive Empathie?

Gelegentlich wird Empathie als die Fähigkeit bezeichnet, die Gefühle anderer Personen ganz allgemein zu verstehen. Diese Verwendungsweise ist jedoch zu weit gefasst. Der Begriff der Empathie muss klar definiert werden, um ihn von anderen Gefühlsphänomenen unterscheiden zu können. In der Psychologie wird teilweise zwischen kognitiver und affektiver Empathie unterschieden. Kognitive Empathie soll darin bestehen, die Emotionen einer anderen Person rational zu verstehen, während affektive Empathie es erfordert, die Emotionen einer anderen Person mitzuempfinden.

Die Unterscheidung zwischen kognitiver und affektiver Empathie wird allerdings nicht einheitlich verwendet. Zudem tendiert sie dazu, den Unterschied zwischen emotionaler Empathie und nichtemotionalem Gefühlsverstehen zu verwischen, der für unseren Alltagsbegriff von Empathie zentral ist und ihn von anderen Arten des emotionalen Verstehens unterscheidet. Deshalb wird der Begriff der Empathie im Folgenden so verwendet, dass er das Mitempfinden der Gefühle einer anderen Person umfasst.

Bei der Person, die Empathie empfindet, werden dabei überlappende Gehirnareale aktiviert wie bei derjenigen, für die sie Empathie empfindet. Während frühere Studien etwa zur empathischen Schmerzempfindung vor allem eine Aktivierung derjenigen Bereiche feststellten, die für die affektive Seite der Schmerzempfindung zuständig sind, zeigen neuere Forschungsarbeiten, dass auch die entsprechenden sensorischen und motorischen Areale aktiv sind.[1] So sind bei empathischen Empfindungen, die durch die Wahrnehmung von Wunden oder Körperteilen in schmerzhaften Stellungen ausgelöst werden, auch diejenigen Bereiche beteiligt, die den sensorischen Charakter sowie die Lokalisierung der Schmerzen betreffen. Außerdem werden in abgeschwächter Form Impulse ausgelöst, die mit Schmerzvermeidungsverhalten oder einem schmerzverzerrten Gesichtsausdruck verbunden sind.

## Notwendige und hinreichende Bedingungen für Empathie

Empathie erfordert eine Übereinstimmung der affektiven Zustände verschiedener Personen, die man als *Kongruenz* bezeichnen kann. Diese affektiven Zustände werden im Folgenden auch als Gefühle bezeichnet. Dabei kann es sich um Emotionen handeln, aber auch um Stimmungen oder Empfindungen: Man muss die Gefühle der anderen Person in irgendeiner Form teilen oder nachvollziehen. Natürlich kann man nicht das Gefühl der anderen Person als solches haben, doch man kann ein Gefühl derselben Art empfinden.

Die Kongruenz von Gefühlen ist jedoch nur eine notwendige, keine hinreichende Bedingung für Empathie. Hinzukommen muss eine Form von *Asymmetrie*. Damit ist gemeint, dass die Person, die Empathie empfindet, das Gefühl nur deshalb hat, weil eine andere Person es hat und das Gefühl der Situation der anderen Person angemessener ist als der eigenen Lage.

Außerdem muss zumindest ein rudimentäres Bewusstsein vorhanden sein, dass es sich bei dem mitempfundenen Gefühl um das Gefühl eines anderen Individuums handelt. Abgekürzt kann man von einem *Fremdbewusstsein* sprechen. Diese drei Bedingungen – Kongruenz, Asymmetrie sowie Fremdbewusstsein – sind für sich genommen notwendige und zusammen hinreichende Bedingungen für das Vorliegen von Empathie. Das zeigt der Vergleich mit anderen Phänomenen, die Empathie ähneln, bei denen aber nicht alle Bedingungen erfüllt sind.

So kann man Gefühle rein rational verstehen, ohne diese Gefühle selbst zu empfinden. Man könnte jemandem beispielsweise etwas in dem Wissen wegnehmen, dass derjenige sich ärgert, weil Menschen sich zumeist ärgern, wenn man ihnen etwas wegnimmt, ohne dieses Gefühl in diesem Moment mitzuempfinden. In diesem Fall ist die Kongruenzbedingung nicht erfüllt und in der Folge auch nicht die Bedingung der Asymmetrie. Fremdbewusstsein kann man hingegen zuschreiben, da es sich eindeutig um das Gefühl einer anderen Person handelt.

Empathie ist auch nicht mit Gefühlsansteckung gleichzusetzen. Gefühlsansteckung liegt vor, wenn ein Gefühl direkt von einer Person oder Gruppe auf eine andere Person oder Gruppe überspringt, die das Gefühl dann als ihr eigenes empfindet. Das ist etwa der Fall, wenn man sich von der Heiterkeit in einer Kneipe anstecken lässt oder ein Baby nur deshalb zu weinen beginnt, weil ein anderes weint. Hier ist Asymmetrie gegeben, denn das Kind empfindet das Gefühl nur deshalb, weil ein anderes es zum Ausdruck bringt. Doch fehlt das Bewusstsein dafür, dass es sich bei dem mitempfundenen Gefühl um das Gefühl eines anderen Individuums handelt.

Darüber hinaus unterscheidet Empathie sich von geteilten Gefühlen, wie der gemeinsamen Freude über ein Ereignis, die weder Asymmetrie noch Fremdbewusstsein einschließen. So können Eltern die Emotion des Stolzes über die Fortschritte ihres Sprösslings teilen. Sie weisen in diesem Fall zwar ein kongruentes Gefühl auf, haben dieses jedoch nicht nur deshalb, weil die jeweils andere Person es hat. Außerdem ist das Gefühl ihrer Situation gleichermaßen angemessen.

Zu beachten ist ferner der Unterschied zwischen Empathie und Sympathie. Zwar bezeichnet der Begriff der Sympathie in der philosophischen Tradition vor dem 19. Jahrhundert, wie bei David Hume und Adam Smith, häufig ebenjenes Phänomen, welches man heute unter Empathie versteht. Demgegenüber ist heutzutage mit Sympathie zumeist eine emotionale Anteilnahme am Wohlergehen anderer gemeint, die nicht unbedingt emotionale Kongruenz einschließt. So könnte jemand Anteil am Schicksal eines guten Freunds nehmen, der sich einer Sekte angeschlossen und dieser sein ganzes Vermögen überschrieben hat. In diesem Fall ist derjenige besorgt um das Wohlergehen des Freundes, es liegt freilich keine emotionale Kongruenz vor, da die Begeisterung des Freundes für die Sekte gerade nicht geteilt wird. Die Bedingungen der Asymmetrie und des Fremdbewusstseins lassen sich auf diesen Fall gar nicht sinnvoll anwenden, weil Sympathie sich (anders als etwa das rationale Gefühlsverstehen) nicht auf die Emotionen der anderen Person, sondern auf ihr Wohlergehen bezieht.

| Phänomen | Bedingungen für Empathie | | |
|---|---|---|---|
| | Kongruenz | Asymmetrie | Fremdbewusstsein |
| Empathie | + | + | + |
| Rationales Gefühlsverstehen | – | – | + |
| Gefühlsansteckung | + | + | – |
| Geteilte Gefühle | + | – | – |
| Sympathie | – | – | – |

Tabelle 3: Empathie und verwandte Phänomene

Empathie in diesem Sinn kann verschiedene Formen annehmen. Man unterscheidet grundsätzlich zwischen *basaler* oder *perzeptueller* Empathie und *Empathie durch Perspektivübernahme* (die auch reenaktive oder projektive Empathie genannt wird).[2] Im ersten Fall empfinden wir Empathie, weil wir Anzeichen dafür wahrnehmen, dass jemand anderes ein bestimmtes Gefühl hat. Es handelt sich also um ein weitgehend passives, der Sinneswahrnehmung ähnliches Geschehen. Reenaktive Empathie erfordert demgegenüber, dass man sich aktiv in eine andere Person hineinversetzt. Im Unterschied zur perzeptuellen Empathie entsteht Empathie durch die Übernahme einer fremden Perspektive, indem man sich vorstellt, sich in der Situation oder anstelle dieser Person zu befinden.

Ob perzeptueller und reenaktiver Empathie zwei gänzlich verschiedene Prozesse zugrunde liegen oder ob eine kontinuierliche Entwicklung erfolgt, ist nicht abschließend geklärt. Es spricht jedoch einiges dafür, dass die verschiedenen Formen von Empathie evolutionär schichtweise aufeinander aufbauen. Man kann die verschiedenen Stufen der Empathie mit den ineinandergeschachtelten Püppchen einer Matrjoschka vergleichen.[3] Im Folgenden werden wir uns auf die perzeptuelle Empathie konzentrieren, die für unsere Fragestellung von vorrangiger Bedeutung ist.

## Perzeptuelle Empathie als Resonanz

Perzeptuelle Empathie beruht auf Mechanismen innerer Imitation. Man spricht auch von Resonanz. Diese Mechanismen liegen der quasiperzeptuellen Fähigkeit zugrunde, die Gefühle anderer empfindungsfähiger Wesen ohne Zuhilfenahme theoretischer Annahmen oder Schlüsse wahrzunehmen. Der Philosoph und Psychologe Theodor Lipps bemerkte bereits Ende des 19. Jahrhunderts, dass bei der Wahrnehmung des affektiven Zustands eines anderen Individuums der gleiche Zustand beim Betrachter hervorgerufen wird. Während Lipps dieser Vorgang seinerzeit noch als eine »nicht weiter beschreibbare Einrichtung seiner Natur« erschien, wird er heute oft mit Hilfe sogenannter Spiegelneuronen erklärt.[4]

Spiegelneuronen wurden zuerst im Gehirn von Affen entdeckt. Es handelt sich um Nervenzellen, die sowohl aktiviert werden, wenn ein Affe eine Handlung durchführt, als auch dann, wenn er eine vergleichbare Handlung bei einem anderen Affen oder auch menschlichen Experimentator beobachtet. Ähnliche Prozesse laufen auch bei Menschen ab. Zwar kann man keine einzelnen Spiegelneuronen im menschlichen Gehirn nachweisen. Wie bildgebende Verfahren zeigen, sind jedoch dieselben Gehirnareale aktiv, wenn eine Person eine bestimmte Handlung ausführt, wie wenn sie eine andere Person beobachtet, die diese Handlung ausführt.

Für die Fähigkeit zur Empathie dürfte eine den Spiegelneuronen vergleichbare analoge Nachbildung der Gefühle anderer in unserem Nervensystem eine Rolle spielen. Überlappende Gehirnareale werden etwa sowohl dann aktiviert, wenn wir selbst Schmerzen empfinden, als auch dann, wenn wir empathisch wahrnehmen, dass ein anderes Individuum Schmerzen hat.[5] Auch wenn man dem Gehirnscanner nicht zu viel zutrauen sollte und das Phänomen noch nicht zureichend empirisch erforscht ist, scheint es insgesamt ein vielversprechendes Projekt zu sein, perzeptuelle Empathie mit Hilfe dieser Mechanismen zu erklären.[6]

Die ursprüngliche Bestimmung der Spiegelneuronen ist jedoch aus drei Gründen zu eng: Erstens ist sie auf Handlungen beschränkt, zweitens ist nicht davon auszugehen, dass jeweils nur ein Neuron involviert ist, sondern ganze Systeme, und drittens muss die Klasse der auslösenden Stimuli breiter gefasst werden. Der amerikanische Philosoph und Kognitionswissenschaftler Alvin Goldman schlägt deshalb vor, Systeme von Spiegelneuronen allgemein als neuronale Verbände aufzufassen, die sowohl dann aktiviert werden, wenn ein Individuum selbst in einem bestimmten mentalen Zustand ist, als auch dann, wenn es Anzeichen dafür wahrnimmt, dass ein anderes Individuum sich in einem mentalen Zustand dieser Art befindet.[7] Perzeptuelle Empathie entstünde demnach, wenn jemand ein Anzeichen dafür wahrnimmt, dass ein anderes Individuum einen bestimmten mentalen Zustand hat und dadurch das entsprechende Spiegelneuronensystem aktiviert wird.

Anzeichen, die ein System von Spiegelneuronen aktivieren können, sind Manifestationen eines mentalen Zustands im Verhalten eines Individuums, sein Gesichtsausdruck sowie bestimmte Stimuli, die voraussichtlich zu einem bestimmten mentalen Zustand oder Ereignis führen. So wird das für Schmerz verantwortliche Spiegelneuronensystem etwa dann aktiviert, wenn man sieht, wie ein Kind auf eine heiße Herdplatte fasst, es einen schmerzverzerrten Gesichtsausdruck bekommt und die Hand vor Schmerzen zurückzieht.

Die Resonanzmechanismen, auf denen perzeptuelle Empathie beruht, sind demnach angeboren. Gleichwohl bestehen auch kulturelle Einflussfaktoren, die den Umgang mit diesen Mechanismen bestimmen. Mutmaßlich müssen die Spiegelneuronensysteme durch zwischenmenschliche Erfahrungen erst eingespielt und an ihre soziale Funktion angepasst werden.[8] Selbst wenn Empathie eine biologische Grundlage besitzt, wird die Empfindung von Empathie durch eine Reihe weiterer Faktoren beeinflusst.[9]

So erzeugt insbesondere der Ausdruck basaler Emotionen perzeptuelle Empathie in Abhängigkeit davon, mit welcher Intensität und wie offensichtlich die Emotion gezeigt wird. Je offensichtlicher und intensiver eine ausgedrückte Emotion auftritt, desto stärker ruft sie Empathie hervor. Ähnlichkeit oder Vertrautheit begünstigen das Empfinden von Empathie ebenso wie die Art der kommunikativen Situation. Zeigen mehrere Personen gleichzeitig unterschiedliche Emotionen, kann das die Entstehung von Empathie verhindern. Auch die jeweilige Bewertung der Situation spielt eine Rolle: Hält man die Emotion einer Person für nicht angemessen, so wird man eher keine Empathie für diese Person empfinden.

Die Empathiefähigkeit wird auch von der Stimmung, dem Erregungsgrad, der jeweiligen Persönlichkeit, dem Geschlecht, dem Alter sowie dem emotionalen Repertoire und dem Umgang mit den eigenen Emotionen beeinflusst. Weit verbreitet ist das Stereotyp, Frauen seien empathischer als Männer. Die Ergebnisse einiger Studien sprechen jedoch dafür, dass die Unterschiede weniger groß sind, als das stereotype Bild es erwarten lässt, und dass sie auch davon abhängen, wie Empathie operationalisiert und gemessen wird.[10]

Eine der Grundfunktionen von Empathie besteht darin, uns Zugang zu den Gefühlen anderer Personen zu verschaffen. Das ist nützlich, um ihre Motive und Verhaltensweisen zu verstehen und vorherzusagen. Zwar stellt Empathie weder den einzigen Zugang zum emotionalen Innenleben anderer dar, noch ist sie unfehlbar. Perzeptuelle Empathie erlaubt jedoch eine schnelle Einschätzung und Reaktion, die den Vorteil hat, mit wenigen, leicht zugänglichen Informationen auszukommen, kognitiv sparsam und schnell zu sein. Wenn man wahrnimmt, dass ein Individuum akut Schmerzen empfindet, dann greift man ein, ohne erst lange nachzudenken. Man kann Empathie daher als eine Art schnelle und sparsame Heuristik verstehen, die die Forschergruppe um den Psychologen Gerd Gigerenzer als wichtigen Bestandteil erfolgreicher Kognition erachtet.[11]

Doch Empathie dient nicht nur dazu, andere besser zu verstehen, sondern sie ist zentral für die menschliche soziale und moralische Entwicklung. Am Beginn des Lebens steht die Fürsorge der Eltern für ihren Säugling, die wesentlich in einer empathischen Beziehung gründet. Auf der anderen Seite kann auch das Baby über Resonanz und Imitation die Gefühle seiner Bezugspersonen wahrnehmen. Das erfolgt zunächst auf dem Niveau emotionaler Ansteckung, aus der sich aber mit zunehmender kognitiver Entwicklung des Kindes genuine Empathie entwickelt. Eine Voraussetzung dafür, dass ein Kind die für Empathie erforderlichen Bedingungen der Asymmetrie und des Fremdbewusstseins erfüllen kann, besteht in der Fähigkeit, zwischen sich selbst und anderen zu unterscheiden, die sich zwischen dem ersten und zweiten Lebensjahr entwickelt.

Schließlich gilt Empathie als eine Wurzel prosozialen Handelns. Sie hemmt Aggressionen und bildet den Ausgangspunkt für altruistisches und kooperatives Verhalten. Vorformen von

Empathie, die diese Entwicklung begünstigen, finden sich bereits im Tierreich, beispielsweise bei Wühlmäusen.[12] Empathie bildet darüber hinaus eine wichtige Grundlage der menschlichen Moral.

## Empathie und moralisches Urteilen

Auch wenn Empathie nicht notwendig oder konstitutiv für die Moral sein muss, so ist kaum abzustreiten, dass sie für unser Verständnis von Moral, die Herausbildung und Rechtfertigung moralischer Normen und die Motivation, sich nach ihnen zu richten, relevant ist. Die Bedeutung für unsere moralische Praxis wird durch die Tatsache unterstrichen, dass wir oft versuchen, Kindern beizubringen, was moralisch falsch ist, indem wir Empathie für die Opfer eines Fehlverhaltens in ihnen hervorrufen. In diesem Zusammenhang spielt das empathische Schmerzempfinden eine besondere Rolle, auf das wir uns im Folgenden deshalb konzentrieren wollen. Der erste Schritt besteht darin, den Weg von der empathischen Schmerzempfindung zum moralischen Urteil besser zu verstehen. Das folgende Schema soll die einzelnen Stufen auf diesem Weg darstellen (die Gründe für jeden Schritt werden unten erläutert).

Schema: Empathie und moralisches Urteilen

(1) Wir empfinden Schmerz als schlecht (unangenehm).
(2) Wenn wir Anzeichen dafür wahrnehmen, dass ein anderes Individuum Schmerz empfindet, dann fühlen wir diesen Schmerz empathisch.
(3) Der empathisch empfundene Schmerz wird als schlecht (unangenehm) empfunden.
(4) Wenn ein schlechtes Gefühl einen intentionalen Gegen-

stand hat, dann liegt eine negative affektive Bewertung dieses Gegenstands vor.

(5) Der Bezugsgegenstand des empathisch empfundenen Schmerzes ist der Schmerz des anderen Individuums.

(6) Der empathisch empfundene Schmerz beinhaltet eine negative affektive Bewertung des Schmerzes des anderen Individuums.

(7) Diese Bewertung ist in einem minimalen Sinn moralisch.

(8) Diese negative affektive Bewertung ist die Grundlage allgemeiner moralischer Urteile.

Die einzelnen Schritte dieses Schemas ergeben sich zu einem Großteil aus der Phänomenologie der Schmerzempfindung sowie aus den bereits eingeführten theoretischen Annahmen. So gründet (1) phänomenologisch in der Selbstwahrnehmung unserer Schmerzempfindungen. Die meisten Menschen empfinden Schmerz als unangenehm und wollen ihn vermeiden. (2) ergibt sich aus der vorgestellten Konzeption perzeptueller Empathie. (3) folgt aus (1) und (2) sowie aus der Kongruenzbedingung für Empathie. (4) ergibt sich aus dem Zusammenhang zwischen Intentionalität und Bewertung im Rahmen der Emotionstheorie. Es handelt sich allerdings nur um eine vorläufige Bewertung, die durch andere Faktoren außer Kraft gesetzt werden kann. Weit entfernt von jedem Krankenhaus in der Wildnis wird man es zum Beispiel etwa gutheißen, wenn ein Arzt ohne Betäubung den von Wundbrand befallenen Finger amputiert und die Wunde ausbrennt, selbst wenn man dabei große Schmerzen empfindet. (5) ist eine Konsequenz aus den Bedingungen der Asymmetrie und des Fremdbewusstseins für Empathie. (6) wiederum folgt aus (4) und (5). Auch in diesem Fall ist die Bewertung lediglich vorläufig. Es besteht strukturanalog zu dem Beispiel des medizinischen Eingriffs die Möglichkeit einer andersgearteten, höherstufigen Bewertung, wenn man nicht selbst betroffen ist, sondern empathisch die Schmerzen einer anderen Person empfindet, an der der Eingriff vorgenommen wird.

(7) bringt mit dem Bezug zur Moral einen neuen Begriff ins Spiel. Das Moralische kann anhand verschiedener Dimensionen charakterisiert werden.[13] Für unser Alltagsverständnis ist der Aspekt des Altruismus von besonderer Bedeutung. Als moralisch verstehen wir jemanden, der selbstlos oder uneigennützig handelt. Das bedeutet, moralisches Urteilen und Handeln bezieht sich in irgendeiner Form auf das Wohlergehen (die Interessen, Ansprüche oder Rechte) anderer um ihrer selbst willen und nicht nur auf das Eigeninteresse.

Das intentionale Objekt des empathisch empfundenen Schmerzes ist nun der Schmerz des anderen Individuums. Die negative affektive Bewertung betrifft somit das Wohlbefinden dieses Individuums und nicht das eigene. Der empathisch empfundene Schmerz ist also insofern altruistisch, als er eine nichtinstrumentelle Anteilnahme am Wohlergehen eines anderen Individuums zum Ausdruck bringt. Das schlägt sich auch in der Reaktion auf den empathischen Schmerz nieder. Man würde dem anderen eine Schmerztablette geben und sie nicht selbst einnehmen. Da die negative affektive Bewertung bei empathisch empfundenem Schmerz uneigennützig ist, kann sie zumindest im Ansatz als moralisch verstanden werden.

Allerdings stellt sie als solche noch kein begriffliches Urteil dar. Sollte man der Auffassung sein, dass Moral zwangsläufig Begriffe bedarf, kann man diese Stufe auch als protomoralisch bezeichnen. Begriffe kommen erst in (8) ins Spiel, wenn es um den Übergang von Empathie zu verallgemeinernden Urteilen darüber geht, was moralisch richtig oder falsch ist, beispielsweise: »Es ist moralisch schlecht, jemandem absichtlich und ohne Grund Schmerz zuzufügen.«

Man kann sich diesen Übergang im Sinne Adam Smiths als

eine Art von Induktion vorstellen.[14] Für ihn leiten sich allgemeine moralische Regeln induktiv aus empathischen Erfahrungen ab. Empathie erzeugt in diesem Prozess Überzeugungen darüber, welche Handlungstypen moralisch falsch sind. Haben wir etwa verschiedentlich empathisch die Schmerzen von jemandem empfunden, der verprügelt wurde, so kommen wir zu der Auffassung, dass es schlecht ist, andere zu schlagen.

Es kann jedoch Anfechtungsmerkmale geben, die verhindern, dass eine Handlung, die Empathie hervorruft, als moralisch falsch angesehen wird. Selbst wenn wir Empathie für eine Person empfinden, die in einer Notsituation ohne Betäubung operiert wird, werden wir dies nicht als schlecht beurteilen, wenn wir der Ansicht sind, dass es zum Nutzen der Person geschieht. Daher kommt es zu der Qualifikation des moralischen Urteils, dass es nicht immer moralisch falsch ist, anderen Schmerz zuzufügen, sondern nur dann, wenn es absichtlich und ohne Grund geschieht.

Empathie ist also in zweierlei Hinsicht relevant für das moralische Urteilen: Zum einen macht sie uns die Schmerzen anderer zugänglich. Wir können durch Empathie erkennen, dass jemand Schmerzen hat. Zum anderen leistet die Tatsache, dass Schmerzen als schlecht empfunden werden, einen Beitrag zur moralischen Bewertung, und zwar sowohl zur Bewertung des Einzelfalls als auch zu der allgemeinen Einsicht. Wir verstehen etwa durch Empathie, dass es moralisch schlecht ist, einer Person absichtlich und ohne Grund Schmerzen zuzufügen. Empathie trägt somit zur Rechtfertigung unserer moralischen Urteile bei.

Das bedeutet jedoch nicht, dass nicht auch andere Quellen moralischer Rechtfertigung existieren. Empathie mag nicht einmal notwendig für moralisches Urteilen sein. Sie ist jedoch eine besonders fundamentale Quelle moralischer Rechtfertigung, denn sie stellt nicht nur ein schnelles und sparsames Verfahren dar, um in Erfahrung zu bringen, was andere empfinden, sondern auch dafür, wie bestimmte Handlungen moralisch zu beurteilen sind. Das ist besonders dann von Bedeutung, wenn eine umgehende Reaktion erforderlich ist.

Allerdings ist Empathie als Quelle moralischer Rechtfertigung fehleranfällig. So wird ihr vorgeworfen, sich nur auf diejenigen zu konzentrieren, die uns nahestehen, während Personen mit größerer Distanz zu uns, die vielleicht vom moralischen Standpunkt aus gesehen gewichtigere Bedürfnisse haben, nicht in den Blick genommen werden. Vernunft und die bewusste Kultivierung der Fähigkeit zur Empathie können helfen, solchen Vorurteilen vorzubeugen.

Umgekehrt ist jedoch auch die Vernunft nicht unfehlbar und dient nicht selten der Rationalisierung von selbstsüchtigen Beweggründen. In diesem Fall kann Empathie auch zum Korrektiv der Vernunft werden. Wir wertschätzen es etwa moralisch, wenn eine Person einer anderen aus Empathie sofort zu Hilfe eilt, ohne erst lange darüber nachzudenken, ob sie dazu auch moralisch verpflichtet ist.

## Artifizielle Empathie

Empathie ist für das menschliche Zusammenleben von großer Bedeutung. Wenn künstliche Systeme mit Menschen zusammenleben und -arbeiten sollen, liegt es nahe, sie mit einer entsprechenden Fähigkeit zur Empathie auszustatten. Unter dem Begriff *Artificial Empathy* hat sich ein neues Forschungsfeld etabliert, dem es um die Entwicklung empathiefähiger künstlicher Systeme geht.[15] Diese Disziplin gilt sogar als eine der wichtigsten in der sozialen Robotik. Denn die empathische Interaktion ist entscheidend dafür, dass künstliche Systeme als soziales Gegenüber akzeptiert werden.

In vielen Anwendungsgebieten, in denen es auf die Qualität der sozialen Interaktion ankommt, könnte sich der Einsatz von *Artificial Empathy* lohnen, etwa im Bereich der Bildung und Pflege, in gesundheitlichen und medizinischen Kontexten, bei Computerspielen oder wenn Roboter dereinst zu sozialen Gefährten werden sollten. Die Entwicklungsrobotik ist außerdem bestrebt, die Herausbildung von Gefühlen beim Menschen auf synthetischem Weg zu untersuchen, indem die entsprechenden Prozesse mit Hilfe von Robotern nachgebildet werden.

Diese Ansätze gehen über die bereits angesprochenen Formen der Emotionserkennung durch künstliche Systeme hinaus, weil der Körper als wesentlicher Aspekt der Herausbildung von Empathie begriffen wird. Deshalb muss die Maschine über einen Körper mit Sensoren und Aktoren verfügen, der es ermöglicht, mit der Umwelt und anderen Individuen zu interagieren. Ergänzt werden kann die kognitive Architektur eines solchen Systems durch die Simulation der neurophysiologischen Prozesse, die der menschlichen Empathie zugrunde liegen. Außerdem sollen Roboter nicht nur Empathie empfinden, sondern auch ausdrücken können.

Die Konstruktion von Robotern ist jedoch aufwendig und teuer und auch nicht für alle Anwendungsgebiete erforderlich. Deshalb beschränken sich viele Forschungsansätze auf die Entwicklung virtueller Agenten, also autonomer, graphisch modellierter und animierter Figuren. Sie befinden sich in einer virtuellen Umgebung, können aber mit Hilfe von Sprache, Mimik und Gestik in Echtzeit mit Menschen kommunizieren. Virtuelle Agenten haben darüber hinaus den Vorteil, dass sich die Reaktionen der Nutzer einfacher beobachten und messen lassen, da die Interaktion zumeist über einen Bildschirm erfolgt.

## Theoretische Grundlagen artifizieller Empathie

Am Anfang der Erforschung künstlicher Empathie steht die Entwicklung computationaler Modelle, die verschiedene Komponenten von Empathie berechenbar und auf einem Computer implementierbar machen. Ein solches computationales Modell kann mit Hilfe von zwei Verfahrensweisen gewonnen werden. Die eine ist theoriebasiert und die andere datengetrieben.[16] Beide Methoden lassen sich im Prinzip auch miteinander verbinden. Die theoriebasierte Methode stützt sich auf psychologische und neurophysiologische Theorien zwischenmenschlicher Empathie, die auf Verhaltensbeobachtung und physiologischen Messungen beruhen. Diese Theorien werden dann in einem zweiten Schritt rechnerisch modelliert und in ein künstliches System implementiert. Eine Variante dieser Methode stellt die Entwicklungsrobotik dar, die Empathie nicht direkt implementiert, sondern bestrebt ist, sie durch die Interaktion künstlicher Systeme mit der Umwelt und mit Menschen aus anderen kognitiven Prozessen oder Mechanismen hervorzubringen. In diesem Fall sind die Grundannahmen, die in die Konzeptualisierung dieses Vorgangs eingehen, theoretischer Natur.

Ein ›Rezept‹ für die Konstruktion eines solchen Roboters, der die Fähigkeit zur Empathie im Lauf seiner Entwicklung erwirbt, besteht etwa in der Verknüpfung einer Nachbildung des Spiegelneuronensystems, der Insula und des somatosensorischen Kortizes im Gehirn mit der Fähigkeit zur Babysprache, also jener besonderen Sprachform, die Eltern und andere Bezugspersonen in der Kommunikation mit kleinen Kindern benutzen.[17] Auf der Grundlage theoretischer Annahmen über die Rolle dieser Mechanismen bei der Herausbildung menschlicher Empathie wird dann ein Roboter entwickelt, bei dem sich durch die entsprechende Interaktion mit Menschen Empathie herausbilden soll.

Die zweite grundlegende Methode ist empirisch und bedient sich der Daten, die in Studien zur empathischen Interaktion von Menschen erhoben wurden. Diese Daten werden zum Training von Systemen verwendet, die allgemeine Muster empathischen Verhaltens erkennen sollen. Diese Muster lassen sich dann auf ähnlich gelagerte neue Situationen übertragen. Alternativ können auch Daten verwendet werden, die die Reaktionen von Nutzern auf empathische künstliche Systeme betreffen. Dabei kommen häufig sogenannte *Wizard-of-Oz*-Experimente zum Einsatz. Ähnlich wie in dem gleichnamigen Musicalfilm der Zauberer von Oz eine mechanische Apparatur ist, die von einem Menschen bedient wird, sind die Nutzer bei diesen Experimenten in dem Glauben, es mit einem autonomen künstlichen System zu tun zu haben. In Wirklichkeit wird das System aber (zumindest teilweise) von den Experimentatoren gesteuert, die jedoch nicht in Erscheinung treten.[18]

Eine weitere Perspektive tut sich auf, wenn nicht die Beziehung zwischen Mensch und Maschine im Fokus steht, sondern Empathie zwischen virtuellen Agenten. In diesem Fall werden virtuelle Agenten mit einem computationalen Empathiemodell ausgestattet, die dann empathisches Verhalten mit anderen virtuellen Figuren zeigen.[19] In der Folge wurden die Reaktionen menschlicher Betrachter auf Szenarien untersucht, in denen die Figuren Empathie zeigten. Einer Kontrollgruppe wurden hingegen Szenarien vorgeführt, in denen die Figuren sich nicht empathisch verhielten. Die menschlichen Teilnehmer der Studie favorisierten diejenige Figur, die im Vergleich zu den anderen Agenten am stärksten empathisch reagierte. Insgesamt wurden die empathischen Interaktionen von den Betrachtern als besonders positiv wahrgenommen.

Sowohl die theoriebasierte als auch die datengetriebene Methode hat Stärken und Schwächen.[20] Die empirische Herangehensweise ist sehr datenintensiv, und die richtige Auswahl der Daten wirft eine Reihe von Fragen auf, wie: Von welcher Art sollen die Daten sein? Zu welchem Zeitpunkt sind sie zu erheben? Und wie hoch muss die Detailgenauigkeit sein? Die Antwort auf diese Fragen hat erheblichen Einfluss auf das computationale Modell, das aus den Daten gewonnen werden kann. Zu bedenken ist ferner, dass entsprechende Daten kontextspezifisch und schwer auf andere Situationen übertragbar sind.

Die Theorien, auf denen die analytischen Ansätze beruhen, sind demgegenüber bereits von Grund auf Abstraktionen, die häufig aus der Arbeit verschiedener Forscherteams hervorgegangen sind. Die Übertragung dieser Theorien in ein computationales Modell stellt einen weiteren Abstraktionsschritt dar. Bei diesem Prozess findet nicht nur ein Informationsverlust statt, sondern die Implementierbarkeit eines solchen Modells stellt Anforderungen ganz eigener Art, die zu Verkürzungen und Verzerrungen der Theorien führen können, die am Anfang standen. Man kann versuchen, mit diesem Problem umzugehen, indem man die Adäquatheit des computationalen Modells seinerseits an menschlichen Subjekten testet. Im Hinblick auf die Ergebnisse verschiedener Forschergruppen bei der Entwicklung empathischer künstlicher Systeme sollte man sich daher immer bewusst sein, dass sie das Phänomen unterschiedlich konzeptualisieren und implementieren.

# 4. Von empathischen Pflegerobotern und virtuellen Seelenklempnern

Zwei Beispielanwendungen sollen nun zeigen, wie artifizielle Empathie in der Praxis eingesetzt werden könnte. Bei dem einen Beispiel handelt es sich um einen Pflegeroboter und bei dem anderen um einen virtuellen Agenten, der dazu dienen soll, psychische Störungen zu diagnostizieren. Aus der Fülle der Ansätze wurden diese beiden ausgewählt, weil sie besonders aussagekräftig im Hinblick auf die Methoden, die Reichweite und Anwendungsbereiche künstlicher Empathie sind und wissenschaftlich durchgeführt und dokumentiert wurden. Sie spiegeln allerdings eine an einen bestimmten technischen Entwicklungsstand gebundene Vorstellung davon wider, was Empathie ist, wie sie sich erreichen lässt und in welcher Form sie sich in der sozialen Interaktion zwischen Mensch und Maschine niederschlagen soll. Auch dieser Bereich wird durch den Einzug der großen Sprachmodelle verändert, auf die am Ende des Kapitels eingegangen wird.

## NICA – ein Pflegeroboter mit Empathie

Im Bereich der Altenpflege lässt sich ein Trend hin zu empathischen Robotern beobachten. Roboter sollen ältere Menschen in ihrem täglichen Leben unterstützen und als Schnittstelle zu diversen weiteren Technologien dienen, die unter dem Begriff *Ambient Assisted Living* (AAL) gefasst werden. Dazu gehören beispielsweise die Regelung von Beleuchtung und Raumtemperatur, das Öffnen und Schließen von Rollläden oder die Steuerung eines Kühlschranks.

Solche Technologien reagieren entweder proaktiv auf das

Verhalten der Nutzer, oder aber sie werden von den Nutzern gesteuert. Das kann per Smartphone geschehen, doch das ist für manche Senioren möglicherweise zu kompliziert. In einem solchen Fall böte sich zu diesem Zweck die Verwendung eines Roboters an, der als ein Gegenüber mit eigenem Körper und Gesprächsinterface direkter Ansprechpartner sein kann. Ein solcher Roboter sollte zu menschenähnlicher sozialer Kommunikation in der Lage sein, um die Bedienung der Schnittstelle intuitiv und natürlich zu gestalten.

Darüber hinaus sollen Roboter alten Menschen auch als soziale Gefährten dienen. Im Rahmen des Projekts NICA (*Natural Interaction with a Caring Agent*) wurde ein Nao-Roboter der Firma Aldebaran als Schnittstelle zu einer Smart-Home-Umgebung und als sozialer Gefährte eingeführt.[1] Um seine Aufgaben zu erfüllen, sollte der Roboter empathisches Verhalten zeigen. Es handelt sich um einen kleinen menschenähnlichen Roboter, der knapp 60 Zentimeter groß und gut 5 Kilogramm schwer ist und über Augen verfügt, die in unterschiedlichen Farben leuchten können. NICA erhebt im Unterschied zu vielen anderen Anwendungen nicht den Anspruch, dass das künstliche System Empathie empfindet, sondern dass es Empathie lediglich simuliert.

Das System erkennt Emotionen anhand der Kombination von Gesichtsausdrücken und Sprachprosodie. Auf der Grundlage von Ekmans FACS werden die sechs basalen Emotionen Ärger, Ekel, Furcht, Freude, Traurigkeit und Überraschung anhand der von einer Kamera aufgenommenen Sequenzen identifiziert. Die Spracherkennung erfolgt im Rahmen eines dimensionalen Ansatzes anhand von Valenz und Erregungsgrad.

Doch die korrekte Erkennung einer bestimmten Emotion allein gewährleistet noch keine angemessene empathische Reaktion des Roboters. Um eine solche zu erreichen, muss der

Kontext berücksichtigt werden, in diesem Fall der Bereich Altenpflege. Zu diesem Zweck wurden Daten über die Erfahrungen menschlichen Pflegepersonals in Form von Tagebucheinträgen gesammelt sowie wissenschaftliche Studien zur Rolle von Empathie in der Altenpflege hinzugezogen.

Die Tagebucheinträge folgten einem Schema, in dem in jeder Zeile ein relevantes Ereignis notiert, dessen relevante Merkmale bestimmt und dann die Reaktion der Pflegekraft auf dieses Ereignis beschrieben wurde, also beispielsweise: Um 18:00 Uhr ist Maria traurig (Ereignis). Die Pflegekraft schließt dies aus der Tatsache, dass sie einen traurigen Gesichtsausdruck hat und mit trauriger Stimme stöhnt: »Herrjemine.« Der Grund für die Traurigkeit war der Pflegekraft unbekannt. Sie ging zu Maria (Handlung) und versuchte, sie zu trösten, indem sie sagte: »Es tut mir leid, zu sehen, dass du traurig bist. Warum bist du so traurig?« (kommunikative Handlung). Nach ihrer Intervention bemerkte sie, dass Maria weniger traurig war (Wirkung).

Der Corpus umfasste insgesamt etwa 900 Tagebucheinträge dieser Struktur. Diese Daten sollten Aufschluss darüber geben, welche Ereignisse und Kontextbedingungen relevant für die Ziele und Handlungen von Pflegekräften sind und welche affektiven und sozialen Faktoren im echten Leben die Interaktion zwischen Pflegekräften und Pflegebedürftigen beeinflussen. Allerdings stammten die Daten nur von zwei Pflegekräften, die eine ältere Person tageweise im Wechsel pflegten. Die Einträge zeigten, dass vorwiegend die basalen Emotionen Traurigkeit, Ärger und Freude erkannt wurden. Deshalb fokussierte sich die Emotionserkennung auf diese drei sowie einen neutralen Zustand. Diese emotionalen Zustände ließen sich auch anhand der Kombination von Valenz und Erregungsgrad charakterisieren. Bei Ärger tritt negative bis sehr negative Valenz zusammen mit starker Erregung auf, Traurigkeit verbindet negative Valenz mit mittlerer oder niedriger Erregung, Freude zeichnet sich durch positive Valenz aus.

Jeder kommunikative Akt der Pflegebedürftigen im Umfeld ihrer häuslichen Umgebung soll von dem System anhand des Gesichtsausdrucks und der Prosodie analysiert werden. Diese Daten bilden den Input eines neuronalen Netzes, dem die Aufgabe zukommt, die Wahrscheinlichkeit zu bestimmen, mit der die Nutzer eine gewisse Emotion empfinden. Dieses neuronale Netz soll auch Veränderungen des emotionalen Zustands über die Zeit abbilden.

Bei vielen künstlichen Systemen wird empathisches Verhalten direkt von der erkannten Emotion ausgelöst. Registriert das Gerät eine Äußerung von Traurigkeit, wird es beispielsweise direkt fragen: »Warum bist du traurig?« Um eine besonders realistische Simulation von Empathie zu erreichen, wird in dieser Studie jedoch zunächst ein affektiver Zustand im Roboter erzeugt, der dann die empathische Reaktion herbeiführt. Dabei fällt auf, dass die Emotionen des Roboters nicht durchgängig als Simulationen bezeichnet werden und die Rede davon ist, dass das System eine Meinung hat oder ein Ziel verfolgt. Auch wenn diese Redeweise nicht ganz unproblematisch ist, wird sie bei der Darstellung des Ansatzes vorläufig übernommen.

Die Emotionen des Roboters werden im Sinn der Bewertungstheorie anhand der Wünschbarkeit jener Situationen bestimmt, auf die sie sich beziehen. Bereits an dieser Stelle werden die Grundlagen für empathische Emotionen gelegt, weil die Wünschbarkeit nicht im Hinblick auf den Roboter, sondern in Bezug auf die jeweiligen Pflegebedürftigen festgelegt wird. Anhand dieser Festlegung werden dann jene Ziele bestimmt, die der Roboter verfolgt. Diese Ziele werden als empathische Ziele bezeichnet, weil sie sich nicht an der Wünschbarkeit für das künstliche System, sondern an der Wünschbarkeit für die Nutzer orientieren. Im Anschluss wird die Wahrscheinlichkeit berechnet, mit der ein bestimmtes Ziel erreicht oder nicht erreicht wird.

Die Intensität der Emotionen des Roboters ergibt sich aus der Wahrscheinlichkeit, mit der der Roboter glaubt, dass seine empathischen Ziele erreicht oder nicht erreicht werden, und dem Nutzen, der dem Erreichen dieser Ziele für den Pflegebedürftigen zugeordnet wird. Je stärker das Erreichen eines bestimmten Ziels gefährdet ist und je höher dessen Nutzen eingeschätzt wird, desto intensiver wird die resultierende Emotion sein.

Betrachten wir ein Beispiel: Die Emotion ›Leidtun-für‹ bezieht sich auf das Ziel des Roboters, die Nutzer vor Leid zu bewahren. Gelangt der Roboter zu der Annahme, dass den Nutzern ein unerwünschtes Ereignis zustößt, erachtet er das Erreichen dieses Ziels als gefährdet. Dies führt auf der Seite des Roboters zu einer Emotion, deren Intensität sich aus dem Grad der Wünschbarkeit für den Pflegebedürftigen sowie der Wahrscheinlichkeit, mit der das Ziel gefährdet ist, ergibt. Die Emotion des Pflegebedürftigen wird als beobachtbare Folge dieses Ereignisses interpretiert, die wiederum im Roboter eine Emotion erzeugt, die aufgrund seiner empathischen Ziele als empathisch bezeichnet wird.

Die Wahrscheinlichkeit, mit der ein Pflegebedürftiger eine bestimmte Emotion empfindet, wird durch das neuronale Netz bestimmt. Kommt das System zu dem Schluss, dass der Pflegebedürftige leidet oder traurig ist, so erhöht sich dadurch die Wahrscheinlichkeit, dass das Ziel des Roboters, den Nutzer vor Schaden zu bewahren, nicht erreicht wird. Dadurch wird die Emotion ›Leidtun-für‹ im Roboter ausgelöst. Kommt der Roboter zu einem späteren Zeitpunkt zu einer niedrigeren Einschätzung der Wahrscheinlichkeit oder der Wünschbarkeit des fraglichen Ereignisses, so wird die Emotion schwächer und verschwindet schließlich ganz, wenn diese Faktoren weiter absinken. Unterschiedlichen Emotionen werden dabei verschiedene Verfallsmuster zugeordnet. Der Roboter drückt seinerseits Emotionen durch Körperhaltung und Gestik aus und indem sich die Farbe seiner leuchtenden Augen verändert.

Die Emotionen des Roboters sollen dann in einem weiteren Schritt empathisches Verhalten auslösen. Zu diesem Zweck werden die empathischen Ziele des Roboters mit schematischen Handlungsplänen verknüpft, die sich aus den Tagebucheinträgen der menschlichen Pflegekräfte, ergänzt durch Theorien über den Zusammenhang von Empathie und prosozialem Verhalten sowie anderen Studien über den Einfluss empathischen Verhaltens sozialer Roboter auf Menschen, ergeben. So soll der Roboter trösten, beruhigen, ermutigen, positives Feedback geben oder auch mal einen Witz machen können, um die Laune der Pflegebedürftigen zu verbessern.

Ein typisches Szenarium könnte im Alltag wie folgt aussehen: Es ist Morgen, und ein 73-jähriger Mann ist allein zu Hause. Er fühlt sich einsam und traurig, weil er seine Enkel schon länger nicht gesehen hat. Er sitzt auf dem Sofa in seinem Wohnzimmer, das mit Sensoren ausgestattet ist. Der Roboter befindet sich ebenfalls im Raum und hört den Mann flüstern: »Ach, ich Armer!« Der Roboter nimmt diese Äußerung wahr. Die Stimmanalyse ergibt eine negative Valenz und einen niedrigen Erregungsgrad. Das Gesichtserkennungssystem kann den Gesichtsausdruck des Mannes nicht analysieren, weil das Gesicht für den Roboter nicht einsehbar ist.

Das neuronale Netz verarbeitet die Daten der Stimmanalyse und kommt zu dem Ergebnis, dass sich der Nutzer mit hoher Wahrscheinlichkeit in einem negativen affektiven Zustand befindet. Dadurch ist das Ziel des Roboters bedroht, das Wohlbefinden des Nutzers zu erhalten. Diese Einschätzung löst im Roboter die Emotion aus, dass ihm der Mann leidtut. Die empathische Reaktion besteht darin, ihn zu trösten. Ein entsprechender Handlungsplan wird ausgewählt. So sagt der Roboter zunächst: »Es tut mir leid, dass du traurig bist!«, und fragt dann: »Warum bist du traurig?« Auf die Antwort des Mannes, weil er seine Enkel so lange nicht gesehen habe, äußert der Roboter: »Mach dir keine Sorgen! Ich kann ihnen eine Nachricht schicken, wenn du möchtest.«

Im Anschluss wurde empirisch untersucht, ob der Roboter den Anspruch erfüllt hat, empathisch zu sein oder zumindest so zu erscheinen. Hierzu wurde einerseits eine Studie mit Experten durchgeführt, die das Roboterverhalten bewerten sollten. Andererseits sollten ältere Nutzer bewerten, wie empathisch der Roboter in der Interaktion mit dem Nutzer erschien.

Die Experten bestanden aus drei Kommunikationspsychologen, die Videos anschauten, die die Interaktion zwischen dem Roboter und einem Schauspieler zeigten, der eine ältere Person darstellte. Es wurde jeweils eine emotionale Situation für die drei basalen Emotionen Traurigkeit, Freude und Ärger vorgeführt. Für diese Sequenzen sollten der jeweilige Verhaltensplan und insbesondere die kommunikativen Akte bewertet werden. Es stellte sich heraus, dass die Experten diese im Großen und Ganzen für angemessen hielten und nur punktuelle Verbesserungsvorschläge vorbrachten.

In der Nutzerstudie sollten ältere Menschen, die die potentielle Zielgruppe des Systems darstellen, beurteilen, ob das Verhalten des Roboters empathisch war. Bei den Versuchspersonen handelte es sich um 18 Bewohner eines Altenheims, mit denen zwei Versuchsanordnungen durchgeführt wurden. In der ersten Versuchsanordnung sollten sie bewerten, ob der Roboter die ausgedrückte Emotion richtig wahrgenommen hatte und ob sein Verhalten geeignet war, um sein empathisches Ziel zu erreichen. Zu diesem Zweck beobachteten die Teilnehmer die empathischen Verhaltensweisen des Roboters und füllten danach einen Fragebogen aus. Hierbei zeigte sich, dass die empathischen Ziele des Roboters zwar erkannt wurden, die vom Roboter ausgedrückten Emotionen allerdings oftmals nicht eindeutig zugeordnet werden konnten. Dies führte die Forschergruppe darauf zurück, dass dem Roboter keine Mimik zur Verfügung stand, um Emotionen präziser auszudrücken.

Der zweite Versuch wurde mit denselben Probanden zu einem späteren Zeitpunkt durchgeführt. Dieses Mal wurden sie vor einem Bildschirm platziert, auf dem eine Filmsequenz zu sehen war. In dieser Filmsequenz wurde die Interaktion des Roboters mit einem Schauspieler gezeigt, der einen älteren Nutzer darstellte. Wiederum war zu beurteilen, welches die empathischen Ziele des Roboters gewesen waren und welche Emotionen er ausgedrückt hatte.

Während die Fähigkeit des Roboters, Emotionen zu erkennen und darauf zu reagieren, recht zutreffend bewertet wurde, gelang es den Versuchspersonen weniger gut, dem Roboter die richtigen Emotionen zuzuschreiben. Das Forschungsteam vermutete als mögliche Ursache, dass das Verständnis der Emotionen durch den Roboter sprachlich ausgedrückt wurde, während ihm für den Ausdruck seiner Emotionen nur nichtsprachliche Signale zur Verfügung standen wie der Wechsel der Beleuchtung seiner Augen, Gestik und Körperhaltung.

Die Ergebnisse dieser Studie deuten in eine Richtung, die sich auch im kommerziellen Sektor abzeichnet. Entscheidend ist, dass ein Roboter Emotionen richtig erkennt, weniger wichtig ist, dass er selbst Empathie empfindet oder simuliert. Außerdem sieht es so aus, als ob Roboter gar nicht unbedingt selbst über Emotionen verfügen müssten, um von den Nutzern als empathisch wahrgenommen zu werden.

Diese Einsicht zusammen mit den bahnbrechenden Fortschritten im Bereich der großen Sprachmodelle lässt erkennen, dass auch bei der Entwicklung empathischer Pflegeroboter diese Modelle mehr und mehr zum Einsatz kommen werden. Bei Bedarf können sie, wie bereits beschrieben, durch andere Emotionserkennungssysteme ergänzt werden. Versuche in diese Richtung wurden bereits mit dem Roboter *Pepper* angestellt, der große öffentliche Aufmerksamkeit erhielt, bevor er 2021 wegen mangelnder Nachfrage vom Markt genommen wurde.[2]

Zu bedenken ist allerdings, dass die Äußerungen der großen Sprachmodelle zwar sehr selbstbewusst vorgetragen werden, es aber um ihre Wahrheit nicht immer so gut bestellt ist. Das kann gefährlich werden, wenn pflegebedürftige Menschen sich auf diese Informationen verlassen. Zudem hat sich gezeigt, dass die Konversation mit einigen Bots auch emotional verstörend sein kann. So führte der *New York Times*-Reporter Kevin Rose im Februar 2023 mit dem Chatbot von Microsoft ein Gespräch, in dem der Bot ihm seine Liebe gestand und ihn zur Trennung von seiner Frau aufforderte. Es ist die Frage, ob es möglich ist, die Chatbots mit wirksamen ethischen Beschränkungen zu versehen, die solche Situationen verhindern können.[3]

## Psychologische Diagnose mit Ellie

Grundsätzlich gehört nicht viel dazu, damit Menschen einem Roboter Empathie zuschreiben. Einen frühen Beleg für diese These lieferte das Programm ELIZA, das der Informatiker Joseph Weizenbaum bereits Mitte der 1960er Jahre entwickelte. ELIZA imitierte so überzeugend ein psychotherapeutisches Gespräch, dass viele Patienten sich gut verstanden fühlten, und zwar selbst dann, wenn sie um die maschinelle Natur ihres Gesprächspartners wussten. Die Funktionsweise dieses Programms ist einfach. Die Kommunikation erfolgt schriftlich über ein Display. Die Eingaben der Nutzer werden nach bestimmten Schlüsselwörtern wie ›Vater‹ oder ›Ich‹ abgesucht. Diese werden dann in schematischen Rückfragen aufgegriffen, beispielsweise: »Erzählen Sie mir mehr über Ihren Vater!« Alternativ wird die Eingabe als leicht veränderte Frage gestellt. Tippen Nutzer etwa »Ich erinnere mich an …« ein, so lautet die Antwort des Systems »Erinnern Sie sich oft an …?« Sollte das Programm keine Schlüsselwörter finden, reagiert es mit Floskeln wie »Erzählen Sie mir mehr darüber.!« Auch heute noch stellt die klinische Psychologie ein beliebtes Anwendungsgebiet emotionaler KI dar.

Ein ausgeklügeltes System im psychotherapeutischen Bereich wurde knapp 50 Jahre später vom SimSensei-Projekt am Institute for Creative Technologies (USC) in Kalifornien entwickelt.[4] Die Arbeit wurde von der Defense Advanced Research Projects Agency (DARPA) unterstützt, einer Forschungseinrichtung des US-Verteidigungsministeriums, die im Bereich der KI besonders aktiv ist. Die Plattform namens SimSensei-Kiosk besteht aus verschiedenen Sensoren und einer Webcam, die den Input für die Gesichtserkennung, Bewegungs- und Stimmanalyse liefert. Außerdem umfasst sie ein System zur Verarbeitung natürlicher Sprache und zur Dialogführung.

Die Interaktion mit Menschen erfolgt mit Hilfe von *Ellie*, einer virtuellen Figur, die wie eine Frau in den Dreißigern aussieht und die ethnisch gesehen in verschiedene Richtungen anschlussfähig zu sein scheint. Sie kommuniziert mit den Nutzern in Echtzeit über etwa 20 Minuten und passt ihre Fragen und Antworten auf der Grundlage der von den Analysesystemen übermittelten Daten an. Dabei wirken ihre Reaktionen empathisch und wohlwollend. Ihr Verhalten ist durchgehend zurückgenommen und freundlich, was zu ihrer Rolle in einem psychotherapeutischen Kontext passt, und umfasst neben dem sprachlichen Ausdruck auch Mimik und Gestik. Insgesamt verfolgt das System zwei Ziele: Zum einen sollen die Nutzer sich während des Gesprächs möglichst wohl fühlen und sich öffnen. Zum anderen soll Ellie Situationen herbeiführen, die es erlauben, verbale und nichtverbale Anzeichen psychischer Belastung automatisch auszuwerten.

Der Aufbau des Systems weist eine modulare Architektur auf. Der entsprechende kognitionswissenschaftliche Ansatz geht davon aus, dass für verschiedene kognitive Leistungen unterschiedliche Module verantwortlich sind, die unabhängig voneinander arbeiten. Die Module üben keinen direkten Einfluss aufeinander aus, können aber untereinander Informationen austauschen. SimSensei-Kiosk besitzt als Module audio-visuelle Wahrnehmung, die Fähigkeit zum Erkennen nonverbaler Verhaltensweisen sowie der natürlichen Sprache und verfügt über Grundlagen der Dialogführung. Außerdem kann das System sprachliches und nichtsprachliches Verhalten durch eine virtuelle Figur zeigen. Es handelt sich also um ein multimodales System, das in Echtzeit Informationen über sein Gegenüber aus unterschiedlichen Modalitäten synchronisiert und seinerseits im Verhalten der virtuellen Figur Emotionen in unterschiedlichen Modalitäten ausdrücken kann. Die Entwicklung des Systems erfolgte in drei Stufen:

Zunächst wurden zwischenmenschliche Interaktionen analysiert, um das sprachliche und nichtsprachliche Kommunikationsverhalten von Menschen zu verstehen. Anhand von Informationen aus der klinischen Literatur wurde nach nonverbalen Anzeichen gesucht, die in einem Zusammenhang mit psychischen Störungen wie Depressionen, posttraumatischen Belastungsstörungen oder Angststörungen stehen. Dabei fanden nur solche Verhaltensweisen Berücksichtigung, die von einem künstlichen System erkannt werden können und die eine hohe diagnostische Vorhersagekraft besitzen. Die Ergebnisse wurden mit dem Urteil von Experten und bereits vorhandenen Ansätzen auf diesem Gebiet abgeglichen. Auf dieser Grundlage wurde ein Datenkorpus erstellt, bei dem einem bestimmten Verhaltensindikator eine bestimmte Wahrscheinlichkeit für das Vorliegen einer psychischen Störung zugeordnet wurde.

In der zweiten Phase wurden die virtuelle Figur kreiert und Wizard-of-Oz-Experimente durchgeführt, bei denen Ellies verbales und nonverbales Verhalten jeweils von einer anderen Person gesteuert wurde. Die aus diesen Szenarien resultierenden 140 Konversationen dienten dann als Datengrundlage, um Ellies kommunikatives Verhalten weiter zu optimieren.

Im dritten Schritt wurden die unterschiedlichen Module zusammengeführt, so dass das System automatisch operieren kann.

Besonders aufschlussreich ist die Art und Weise, wie die sprachliche Kommunikation programmiert wurde.[5] Das System verfügt über ein System zur Erkennung von Sprache und Dialogmustern. Dieses kann bestimmte Typen von Äußerungen wie Aussagen, Ja-oder-Nein-Fragen sowie W-Fragen identifizieren. Darüber hinaus wird die Valenz von Aussagen anhand der Kategorien ›positiv‹, ›negativ‹ oder ›neutral‹ klassifiziert, um Ellies empathisches Verhalten zu verstärken. Die Datengrundlage bildet ein Sentiment-Lexikon mit etwa 117 000 Einträgen, das die Valenzen ausgewählter Wörter und Phrasen enthält. Die Valenz einer Äußerung wird durch das Auftreten bestimmter individueller Wörter oder Phrasen festgelegt. Außerdem kann Ellie einige spezifische Antworten auf bestimmte Smalltalk-Fragen geben. So fragt sie die Gesprächspartner zum Einstieg, wo sie herkommen, und erkennt die Namen häufig erwähnter Städte und Regionen anhand von Schlüsselbegriffen. Vorgegeben sind auch gewisse Folgefragen, die sich aus den Antworten der Gesprächspartner ergeben.

Die Anzahl möglicher Antworten ist auf etwa 100 Wörter

oder Phrasen und 20 nonverbale Bewegungen begrenzt. Ellie verfügt über 60 einprogrammierte Fragen, die das Gespräch strukturieren, sowie über eine Reihe von Rückmeldungssignalen (wie »hm, hm«). Hinzu kommen als empathisch bezeichnete Reaktionen (beispielsweise: »Das tut mir leid!«) sowie Aufforderungen, das Gespräch fortzusetzen (etwa: »Erzählen Sie mir mehr darüber!«). Die Fragen werden in einer vorgegebenen Reihenfolge mit bestimmten Abzweigungsmöglichkeiten gestellt.

Ein typischer Gesprächsverlauf mit Schauspielern findet sich auf YouTube. Bei diesem wird neben dem Interface, mit dem die Nutzer interagieren, auch die Informationsverarbeitungsebene eingeblendet. Die Koppelung dieser beiden Ebenen verdeutlicht, dass Ellie die Äußerungen ihrer Gesprächspartner nicht wie ein Mensch versteht, sondern auf bestimmte Eingaben aus dem System reagiert, die sich nicht auf den Inhalt beziehen. Ellie stellt sich zunächst vor und betont dabei, dass sie keine Psychotherapeutin sei, sondern nur ein Gespräch beginnen möchte. Danach stellt sie eine Reihe von Fragen, die typische Smalltalk-Themen aufgreifen und dazu dienen, eine Beziehung zu der Person herzustellen. Sie erkundigt sich nach dem Befinden der Gesprächspartner und fragt sie, woher sie stammen. Auf die Antwort »Ich komme aus Los Angeles« reagiert sie etwa mit der Bemerkung: »Ich bin auch aus L. A.« Schließlich werden die Fragen zum psychischen Befinden direkter, wie etwa: »Wann waren Sie zuletzt richtig glücklich?« Das Emotionserkennungssystem hat nun die Aufgabe, die Antworten der Nutzer in den verschiedenen Modalitäten auf Anzeichen psychischer Störungen zu durchsuchen. Dies geschieht anhand der Analyse von Mikrogesichtsausdrücken, doch auch das Ausweichen des Blicks, die Veränderung der Körperhaltung, stimmliche Erregung oder ungewöhnlich lange Pausen werden berücksichtigt.

Stellt das System bestimmte Anzeichen für eine psychische Störung fest, wie etwa ein Ausweichen des Blicks, sagt Ellie beispielsweise: »Ich habe bemerkt, dass Sie mit Ihrer Antwort gezögert haben. Würden Sie sich selbst allgemein als glücklichen Menschen bezeichnen?« Auf die Antwort: »Im Allgemeinen schon, aber in letzter Zeit gab es ein paar Sachen, die mich ziemlich runtergezogen haben«, folgt als Reaktion von Ellie: »Können Sie mir mehr darüber erzählen?« Finden sich keine Hinweise auf eine psychische Störung im Antwortverhalten der Gesprächspartner, geht Ellie zur nächsten Frage über.

Wie schon im Fall von ELIZA wurde die Interaktion mit Ellie von den Nutzern als sehr positiv bewertet, etwa von Teilnehmern einer Studie mit Soldaten, die aus Afghanistan zurückgekehrt waren.[6] Sie waren im Gespräch mit Ellie besonders auskunftsbereit und enthüllten mehr Symptome einer posttraumatischen Belastungsstörung als in den konventionellen Verfahren, die zum Zweck einer solchen Diagnose durchgeführt werden. Eine Erklärung dieser Wirkung könnte darin bestehen, dass Ellie sowohl als ein empathisches Gegenüber in einer persönlichen Gesprächssituation wahrgenommen wird als auch das Gefühl vermittelt, anonym oder unbeobachtet zu bleiben. Schließlich erscheint sie den Nutzern als ein unvoreingenommenes Gegenüber, das sie nicht bewertet oder verurteilt. Gleichwohl waren alle Probanden darüber informiert, dass die Ergebnisse an die zuständigen Personen weitergeleitet wurden. Zu betonen ist, dass der empathische Eindruck, den Ellie in der Interaktion hinterlässt, ganz ohne ein spezielles affektives Modul entsteht, das Emotionen oder emotionsanaloge Zustände im System selbst erzeugt.

Für die Zuschreibung von Empathiefähigkeit kommt es also anscheinend vor allem darauf an, dass ein künstliches System auf einen emotionalen Input angemessene Reaktionen zeigt, und weniger darauf, dass es selbst innere Zustände besitzt, die

Emotionen entsprechen. Der Eindruck, es mit einer empathischen Gesprächspartnerin zu tun zu haben, stellt sich sogar dann ein, wenn man als Betrachter einer Konversation die Abläufe auf der Ebene der Informationsverarbeitung verfolgen kann.

Auch für psychotherapeutische Modelle liegt es nahe, auf große Sprachmodelle, eventuell in Kombination mit anderen Emotionserkennungssystemen und speziellen Trainingsdaten oder psychotherapeutischen Modellen zurückzugreifen. Ein Vorteil bestünde darin, dass große Sprachmodelle über eine größere Bandbreite an Themen sprechen können, was Frustrationserfahrungen mit enger konzipierten Modellen vermeiden würde. Ihre Antworten weisen auch höhere Empathiewerte auf als die bisherigen stärker spezialisierten Modelle. Einige Studien deuten sogar darauf hin, dass derartige Chatbots sogar als empathischer erfahren wurden als menschliche Mediziner.[7]

Aufgrund der Undurchsichtigkeit und Komplexität großer Sprachmodelle wird ihre Empathiefähigkeit ebenso wie andere kognitiven Fähigkeiten mit Hilfe von Verfahren und Aufgaben erforscht, die eigentlich entwickelt wurden, um kognitive Prozesse bei Menschen zu untersuchen.[8] Bestehen bleiben die bereits erwähnten Gefahren, die aus falschen oder emotional verstörenden Ausgaben erwachsen und besonders für psychisch vulnerable Personengruppen schwerwiegende Folgen haben können.

## Wie empathisch sind künstliche Systeme?

Menschen sind leicht bereit, künstliche Systeme als empathisches Gegenüber wahrzunehmen. Doch können diese Systeme auch tatsächlich Empathie empfinden? Legt man die im dritten Kapitel entfaltete Definition von Empathie zugrunde, sind auch die fortschrittlichsten künstlichen Systeme dazu sicherlich nicht in der Lage, da ihnen die drei Merkmale, die für sich genommen notwendig und zusammen hinreichend für Empathie sind, fehlen, nämlich Kongruenz, Asymmetrie und Fremdbewusstsein. Die Systeme scheitern bereits an der Kongruenzbedingung. Selbst bei einem Pflegeroboter wie NICA, der extra mit einem Emotionsmodul ausgestattet wurde, stimmte die gezeigte Emotion nicht mit derjenigen des Nutzers überein. War dieser etwa traurig, so reagierte NICA nicht mit Traurigkeit, sondern zeigte Mitleid mit dem Nutzer. Man begegnet hier also im besten Falle einer Form von Sympathie, nicht jedoch Empathie. Darüber hinaus dürfen wir nicht vergessen, dass weder NICA und Ellie noch die großen Sprachmodelle Gefühle besitzen, sondern sie nur simulieren.

## 5. Können Roboter Schmerzen empfinden? – Neue Tendenzen der Biorobotik

Während es vergleichsweise einfach ist, künstliche Systeme zu erschaffen, die von Menschen als empathisch interpretiert werden, stellt es eine ungleich größere Herausforderung dar, künstliche Systeme zu entwickeln, die tatsächlich Empathie empfinden können. Insbesondere die Kongruenzbedingung ist nur schwer zu erfüllen, denn sie verlangt nichts anderes, als dass künstliche Systeme selbst Gefühle haben können. Gegen diese Möglichkeit scheint allerdings bereits zu sprechen, dass Maschinen nicht über die entsprechenden neurophysiologischen Voraussetzungen für Empathie verfügen, etwa Spiegelneuronen.

### Schmerzen als Grundlage von Empathie

Neuere Forschungsansätze zielen deshalb darauf ab, ein Analogon des Nervensystems zu bilden, um zu echter artifizieller Empathie zu gelangen. Ein Schwerpunkt liegt dabei auf der Nachbildung des Schmerzsystems, da dies ein wichtiger Ausgangspunkt für die Entwicklung von Empathie ist. Zudem besitzen Schmerzempfindungen auch für die soziale und moralische Rolle von Empathie besondere Bedeutung. Schmerzempathie kommt bereits im Tierreich vor, wo sie die Funktion hat, schnell kenntlich zu machen, wann andere Artgenossen leiden, um ihnen helfen zu können. Auch für die frühkindliche Entwicklung ist es entscheidend, dass die Eltern, ohne zu zögern, auf die Schmerzen ihrer Kinder eingehen. Empathie als schnelles und kognitiv sparsames Verfahren ermöglicht es ihnen, rasch zu reagieren. Schließlich haben wir gesehen, dass

Empathie mit Schmerzen auch für die Moral eine wichtige Rolle spielt.

Eine zentrale Voraussetzung dafür, Empathie mit den Schmerzen anderer zu empfinden, ist es, selbst Schmerzen haben zu können. Aus diesem Grund sollen Roboter zunächst mit der Fähigkeit zur Schmerzempfindung ausgestattet werden, um darauf aufbauend Empathie zu entwickeln. Um dieses Ziel zu erreichen, benötigen sie ein Analogon zu einem Nervensystem, das es ihnen ermöglicht, Schmerzen zu haben. Ein System von Spiegelneuronen könnte dann dazu führen, dass sie auch empathisch Schmerzen haben können. Dabei soll eine Stufenfolge durchlaufen werden, die von der emotionalen Ansteckung zur affektiven und kognitiven Empathie reicht und schließlich zu Sympathie führt. Einige Forscher sind sogar der Ansicht, dass Roboter auf diesem Weg die Fähigkeit erlangen werden, moralisch zu handeln.[1]

So selbstbewusst dieses Programm vorgetragen wird, so bescheiden sind die Ergebnisse bei seiner Realisierung. Ein Ansatz versucht, Roboter mit der Fähigkeit auszustatten, auf Berührung ausweichend zu reagieren. Eine Forschergruppe an der Leibniz Universität Hannover arbeitete mit einem Roboterarm der Firma KUKA, der mit einem Fingerspitzensensor ausgestattet ist und sich bei Berührung zurückzieht.[2] Sie verfolgt damit in erster Linie ein praktisches Interesse: Es ist nützlich, wenn ein Roboter unvorhergesehene Hindernisse und Störungen entdecken und einschätzen kann, welchen Schaden sie ihm zufügen können, um entsprechend darauf zu reagieren. Die zu diesem Zweck eingesetzten Mechanismen orientieren sich an menschlichen Schmerzreflexen, die sich allerdings in einem einfachen Reiz-Reaktionsbogen erschöpfen. Wie die Forscher selbst zugestehen, handelt es sich nicht um eine phänomenal bewusste Schmerzempfindung, sondern um eine Nachbildung der Funktion von Schmerzen, die darin besteht, schädliche Einflüsse zu vermeiden. Dasselbe trifft auch auf Ansätze zu, die etwa versuchen, eine schmerzempfindliche künstliche Haut zu entwickeln.[3]

## Steht das Zeitalter der »Blade Runner« vor der Tür?

Im Februar 2020 ging eine Arbeit des japanischen Robotikers Minoru Asada von der Universität Osaka durch die Presse, der auch der Präsident der japanischen Gesellschaft für Robotik ist. Er gab an, ein künstliches Schmerzsystem in dem Roboter Affetto, einem hyperrealistischen Roboter in Kindergestalt, implementiert zu haben. Es sei nur noch ein kleiner Schritt zu einer mit androiden Robotern bevölkerten Welt wie im Science-Fiction-Roman und -Film *Blade Runner* (USA 1982, Regie: Ridley Scott, Fortsetzung *Blade Runner 2049*, USA 2017, Regie: Denis Villeneuve).

Der Roboter besteht in einem maßstabsgetreuen Kinderkopf, der mit realistischen Gesichtsausdrücken reagiert, wenn er berührt wird. Um dies zu gewährleisten, identifizierten die Forscher 116 Punkte im Gesicht und analysierten ihr Zusammenspiel bei verschiedenen Gesichtsausdrücken. Diese Punkte wurden mit taktilen Sensoren gekoppelt. Erfolgte eine heftige Berührung, so verzog der Roboter das Gesicht schmerzverzerrt. Doch der Hyperrealismus des kindlichen Robotergesichts kann nicht darüber hinwegtäuschen, dass auch in diesem Fall bestenfalls eine rein behavioristische Verhaltensreaktion, aber keine phänomenal bewusste Schmerzempfindung vorlag. Da die Androiden sich in *Blade Runner* zumindest anfangs von den Menschen dadurch unterscheiden, dass sie gerade keine Empathie empfinden, bleibt Asadas Vergleich doppeldeutig: Empfinden die Androiden wirklich Empathie, oder wirkt es nur so?

Doch die Entwicklung von Robotern, die im phänomenalen Sinn Schmerzen empfinden, steckt nicht nur in den Kinderschuhen. Es ist auch prinzipiell fraglich, ob es jemals möglich sein wird, künstliche Systeme mit bewusstem Schmerzempfinden auszustatten. Das zeigt ein berühmt gewordenes Gedankenexperiment des amerikanischen Philosophen Ned Block.[4] Nehmen wir an, durch eine gemeinsame Anstrengung der Neurowissenschaften, Informatik und Robotik gelänge den Wissenschaften eines Tages der Durchbruch beim Verständnis des Gehirns. Sie verfügten über eine präzise Beschreibung der Funktionsweise jedes einzelnen Hirnneurons. Nun soll mit Hilfe eines Computers, der mit einem Roboterkörper verbunden ist, eine großangelegte Simulation des Gehirns erfolgen, und zwar einschließlich aller Wahrnehmungsprozesse und Bewegungsimpulse.

Doch dummerweise erleidet der Supercomputer einen Kurzschluss. Ein ähnlich rechenstarkes Gerät gibt es weltweit kein zweites Mal. In dieser Situation kommt die chinesische Regierung zu Hilfe und bietet an, die Gehirnprozesse mit Hilfe der chinesischen Nation zu simulieren, die anstelle des Computers an den Roboter angeschlossen wird. Hinter dieser Versuchsanordnung steht die Tatsache, dass sich ein Computerprogramm im Prinzip durch alle möglichen Dinge realisieren lässt. Genau diese Überlegung liegt ja dem Vorhaben zugrunde, dass man die geistigen Zustände von Menschen nicht nur in organischem Material erzeugen kann, sondern auch mit Hilfe von Computern.

Jedes Mitglied der chinesischen Bevölkerung simuliert die Aufgaben eines einzelnen Neurons und hat ein Handy, um mit den anderen zu kommunizieren. Eine genaue Anleitung gibt jedem Einzelnen Anweisungen, was im Fall eines Anrufs zu tun ist. Die Anrufe auf den Handys realisieren genau die gleichen Muster wie das Feuern der Neuronen im Gehirn. Ein

Neuron wird dann aktiviert, wenn eine gewisse Anzahl anderer Neuronen, mit denen es verbunden ist, feuert. Nehmen wir also beispielsweise an, Person X hat die Anweisung, Person Y dann anzurufen, wenn die Personen A, B, C und D sie anrufen. In diesem Falle würde diese Person mit Hilfe des Handys die Aktivität eines Neurons simulieren.

Manche Geräte sind direkt mit dem Körper des Roboters verbunden und werden dann von den Sensoren des Roboters angerufen, wenn ein bestimmter sensorischer Input vorliegt, oder sie geben dem Roboter motorische Impulse, die zu einer Bewegung des Roboterkörpers führen. Bei einigen dieser Sensoren handelt es sich um sogenannte Nozizeptoren, die auf schädliche mechanische, thermische oder chemische Reize reagieren. Die entsprechenden Informationen werden beim Menschen über die aufsteigenden Nervenbahnen zum Gehirn geleitet. Dort werden dann entsprechende motorische Reaktionen wie Schmerzvermeidungsverhalten oder ein schmerzverzerrter Gesichtsausdruck ausgelöst. All diese Prozesse lassen sich im Prinzip mit Hilfe der Chinesen simulieren.

Die entscheidende Frage lautet jedoch, ob das System die Schmerzen auch subjektiv erlebt. Natürlich hat jeder einzelne Chinese ein subjektives Erleben seiner individuellen Situation – einer langweilt sich vielleicht, während ein anderer von seinen Aufgaben überfordert ist und ein weiterer Kopfschmerzen hat. Das ganze System als solches jedoch scheint kein phänomenales Schmerzempfinden zu haben. Es kennt dieses bohrende, pochende oder stechende Gefühl nicht, als das wir Menschen Schmerzen in unserem Bewusstsein erleben.

Das Ergebnis des Gedankenexperiments ist ernüchternd: Selbst wenn wir alles über den Aufbau des Gehirns und sein Zusammenspiel mit dem Körper wüssten, könnten wir nur die Funktion von Schmerzen simulieren, nicht aber das phänomenale Schmerzbewusstsein. Doch zu welchen Schlussfolgerungen führt dieser Befund? Man könnte aus Szenarien wie Blocks Gedankenexperiment schließen, dass Körper und Geist streng voneinander getrennt sind, dass also ein unauflöslicher Dualismus zwischen Körper und Geist besteht.

## Ist der Dualismus das Problem?

Der Dualismus ist eine klassische Position in der Philosophie des Geistes, die auf Descartes zurückgeht. Sie besagt, dass Körper und Geist zwei grundsätzlich voneinander abgetrennten Seinssphären angehören: Entweder handelt es sich um zwei grundverschiedene Substanzen oder um zwei grundverschiedene Arten von Eigenschaften.

Diese Sphären zeichnen sich durch ganz unterschiedliche Merkmale und Zugangsweisen aus, die miteinander unvereinbar sind. Die körperlichen Dinge sind im Raum lokalisiert, verfügen über Masse und sind öffentlich beobachtbar. Sie weisen keinen Erlebnisaspekt auf. Die der geistigen Sphäre zugeordneten Dinge hingegen sind nicht räumlich lokalisiert, haben keine Masse und sind nicht öffentlich beobachtbar. Sie besitzen dafür einen Erlebnisaspekt, der sich nur durch Introspektion erschließt, also durch ein unmittelbares Erfassen des subjektiv Erlebten, das allein aus der Ich-Perspektive möglich ist.

Dieser Ich-Perspektive kommt im Vergleich zur Perspektive der dritten Person besondere Autorität zu. So kann man niemandem absprechen, dass er gerade Schmerzen empfindet, wenn diese Person es aus der Perspektive der ersten Person aufrichtig beteuert. Das gilt sogar dann, wenn die neurophysiologischen Evidenzen – etwa eine Untersuchung im Hirnscanner – gegen die Behauptung sprechen, dass im Moment Schmerzprozesse im Gehirn ablaufen.

Der Dualismus ist freilich äußerst umstritten, weil er mit einigen gravierenden Problemen konfrontiert ist: Wie kann Geistiges sowohl stammesgeschichtlich als auch in der individuellen Entwicklung überhaupt entstehen? Evolutionär gesehen lässt sich eine kontinuierliche Entwicklung von Organismen ohne geistige Eigenschaften hin zu solchen verfolgen, die Bewusstsein besitzen. Und weder verfügt eine frisch befruchtete Eizelle bereits über geistige Eigenschaften, noch gibt es einen Punkt bei der Entwicklung vom Embryo zu einem Baby, an dem der Geist wie ein Springkasper aus der Schachtel schnellt.

Schlimmer noch: Der Dualismus scheint den in der Physik etablierten Energieerhaltungssätzen zu widersprechen. In unserer alltäglichen Weltsicht gehen wir davon aus, dass physikalische Ursachen sich auf Geistiges auswirken und dass umgekehrt der Geist Einfluss auf die Welt ausüben kann. Wir nehmen beispielsweise an, dass Gewebeverletzungen Schmerzempfindungen verursachen und die Schmerzen wiederum zu Schmerzvermeidungsverhalten führen. Doch angenommen, der Dualismus wäre wahr und die geistige Welt interagierte zudem kausal mit der materiellen Welt, dann würden die Energieerhaltungssätze laufend verletzt. Beständig würde Energie von der physikalischen in die geistige Welt entweichen oder der physikalischen Welt aus der Sphäre des Geistigen zugeführt.

Will man diese Konsequenz vermeiden, so bleibt nur die Möglichkeit, dem Geistigen jede kausale Wirkmächtigkeit abzusprechen. Diese Position bezeichnet man als Epiphänomenalismus, weil sie das Geistige als ein Epiphänomen des Körperlichen betrachtet, das zwar kausal verursacht wurde, seinerseits aber wirkungslos bleibt. Der Epiphänomenalismus versteht geistige Zustände oder Ereignisse als Nebenwirkungen körperlicher Prozesse, die weder ursächlich auf den Körper oder auf die Umgebung einwirken noch untereinander in kausalen Beziehungen stehen. In ein Bild gefasst, wäre das Geistige vergleichbar mit dem Rauch einer Dampflokomotive, der nichts zur Funktionsweise des Systems beiträgt (strenggenommen hinkt dieser Vergleich allerdings, da selbst der Rauch zumindest noch gewisse kausale Auswirkungen auf die Umwelt aufweist).

Kehren wir zu unserer Ausgangsfrage zurück: Der Epiphänomenalismus würde bedeuten, dass die Aktivität des nozizeptiven Systems das subjektive Schmerzerlebnis hervorbringt, welches jedoch keinerlei Auswirkungen auf den Körper oder die Welt besäße. Das hätte seltsame Konsequenzen: Die Hand würde nicht von der heißen Herdplatte zurückgezogen, weil es weh tut, sondern diese Reaktion wäre ein ganz und gar automatisch ablaufender unbewusster Prozess. Wir würden eine Rose nicht bewundern, weil wir ihr sattes Rot so schön finden, sondern diese Empfindung wäre nur das Nebenprodukt rein körperlicher Vorgänge. Diese Sichtweise entspricht nicht unserem Alltagsverständnis, denn wir gehen ständig davon aus, dass unsere Wahrnehmungsempfindungen und Gefühle, unsere Meinungen und Wünsche Auswirkungen aufeinander und auf die Welt besitzen.

Dieses Argument mag vielleicht nicht ausreichen, um den Epiphänomenalismus endgültig zu widerlegen, es liefert jedoch gute Gründe dafür, nach Alternativen zu suchen. Wie lässt sich, ohne einen Dualismus anzunehmen, erklären, dass das von den Chinesen simulierte System kein phänomenales Bewusstsein hat, obwohl es die Funktionsweise des nozizeptiven Systems auf der neuronalen Ebene simuliert? Ein Hauptunterschied zwischen den beiden Systemen besteht darin, dass das natürliche Schmerzsystem eine bestimmte biologische Funktion hat, die evolutionär zum Überleben der Spezies beigetragen hat. Im Fall von Schmerzen besteht diese biologische Funktion darin, körperlichen Schaden zu vermeiden. Das von der chinesischen Nation realisierte System hingegen verfügt nicht über eine solche biologische Funktion, da es sich nicht evolutionär entwickelt hat.

Doch könnte das nozizeptive System nicht auch ganz gut ohne subjektives Erleben auskommen? Worin besteht überhaupt die biologische Funktion des phänomenalen Bewusstseins? Eine Antwort auf diese Fragen beruft sich darauf, dass das subjektive Erleben ein flexibleres Verhalten ermöglicht.[5] Das phänomenale Bewusstsein erlaubt es Lebewesen, aus dem Reiz-Reaktions-Schema auszubrechen und das eigene Verhalten auf der Grundlage sensorischer Information schnell zu bewerten und an die Gegebenheiten anzupassen. Das ist vor allem dann wichtig, wenn ein Subjekt mit unvorhergesehenen Umständen konfrontiert wird. Subjektives Erleben bildet den Ausgangspunkt für Lernen durch Erfahrung und rationales Überlegen. Es bringt einen Überlebensvorteil mit sich, schmerzhafte Reize nicht reflexartig zu vermeiden, weil es Situationen gibt, in denen ein gewisses Ausmaß an Schmerz durch größere Gewinne aufgewogen werden kann.

Nun könnte man entgegnen, dass doch auch die Evolution eine Art der Programmierung in Form natürlicher Selektion ist. Menschen sind eigentlich auch nichts anderes als Bioroboter. Besteht nicht der einzige Unterschied zwischen einem Roboter und einem Organismus darin, dass der Roboter von Menschenhand programmiert wurde, während die Programmierung im Fall des Organismus auf Mutter Natur zurückgeht? Roboter erfüllen zwar keine biologische, doch zumindest eine von Menschen festgelegte Funktion. Man kann einen Roboter sogar so programmieren, dass er seine Selbsterhaltung als Ziel verfolgt und beispielsweise bei einem Abfall des Ladungspegels sofort eine Ladestation aufsucht. Dieses Beispiel mag etwas einfach gestrickt wirken, doch sind der Komplexität der programmierbaren Verhaltensweisen, die der Selbsterhaltung dienen, nicht prinzipiell Grenzen gesetzt. Das menschliche Schmerzsystem hat sich evolutionär entwickelt, um den Körper vor Schaden zu bewahren. Und genau ein solcher Zweck ließe sich doch auch bei Robotern realisieren.

Die bisherigen Versuche, Robotern phänomenales Schmerzbewusstsein einzuprogrammieren, scheitern jedoch offenbar daran, dass sie das Ziel verfolgten, Schaden zu vermeiden, jedoch nicht das Ziel, das eigene Verhalten durch phänomenales Schmerzbewusstsein zu steuern. Bislang weiß auch niemand, wie man bei der direkten Programmierung einer solchen Funktion vorgehen müsste. Eine Hypothese lautet, dass ein enger Zusammenhang oder sogar eine Kontinuität zwischen Leben und Geist besteht. Wenn das richtig ist, dann erfordert die Entwicklung empfindungsfähiger Maschinen eine stärkere Orientierung an Lebensprozessen.

## *Soft Robotics* und homöostatisches Wohlbefinden

Ein neuerer programmatischer Artikel unter Beteiligung des Neurowissenschaftlers und Emotionsforschers António Damásio schlägt vor, Roboter nach dem biologischen Prinzip der Homöostase zu konstruieren.[6] Was bedeutet das? Lebende Systeme konstituieren sich, indem sie sich selbst erhalten und gegen die natürlichen Tendenzen zur Auflösung und zum Verfall stemmen. Gefühle motivieren lebendige Organismen dazu, Gleichgewichtszustände aufzusuchen, die optimal für ihr Überleben sind. So führt etwa Hunger dazu, das entsprechende homöostatische Gleichgewicht durch Nahrungsaufnahme wiederherzustellen.

Eine Maschine, die diesem Prinzip folgt, müsste mit einem Sinn für ihr eigenes Überleben ausgestattet sein. Die Welt böte dieser Maschine nicht nur Chancen und Risiken bezüglich einer beliebig definierten Funktion, sondern im Hinblick auf die

Weiterexistenz der Maschine selbst. Gefühle hätten die Funktion anzuzeigen, ob etwas für das Individuum gut oder nicht gut ist (also ob es zur Erhaltung des Gleichgewichtszustands beiträgt oder nicht).

Auch wenn man auf diesem Weg kein synthetisches biologisches Leben herstellen kann, besteht die Hoffnung, dass neue technische Möglichkeiten im Bereich der *Soft Robotics* und des maschinellen Lernens dazu beitragen können, dem Prozess des Lebens zumindest so nahe zu kommen, dass Gefühle entstehen. *Soft Robots* bestehen nicht aus Metall oder Kunststoff, sondern aus nachgiebigen Materialien, die sich an biologische Vorbilder anlehnen. Mit anderen Worten: Diese Materialien ähneln im Hinblick auf viele Eigenschaften natürlichem Gewebe wie Haut, Muskeln oder Knorpeln. Ein Beispiel stellt eine elektronische Gelhaut dar, die auf Berührung, Druck und Zug reagiert. Sie verfügt sogar über die Fähigkeit, sich nach einem Schnitt selbst zu heilen. Obwohl weiche Materialien aufgrund ihrer Flexibilität starren Bauteilen sogar überlegen sein können, sollen diese Stoffe besser dazu geeignet sein, die Verletzlichkeit eines künstlichen Systems in seinem Design zu verankern. Darüber hinaus können weiche Materialien Informationen aus unterschiedlichen Sinnesmodalitäten wie Druck, Temperatur oder Energiezustand registrieren. Insgesamt erlauben sie eine höhere Komplexität und bieten mehr Möglichkeiten zu Regulierung mit dem Ergebnis, dass *Soft Robots* über mehr Freiheitsgrade (also im mechanischen Sinn voneinander unabhängige Bewegungsmöglichkeiten) verfügen.

Mit Hilfe des maschinellen Lernens sollen die Informationen aus verschiedenen Sinnesmodalitäten zusammengeführt und ständig interne und externe Daten miteinander abgeglichen werden, damit sich das System in einem homöostatischen Gleichgewicht halten kann. Dieser Gleichgewichtszustand wird als »homöostatisches Wohlbefinden« bestimmt. All das, was zur Erreichung dieses Zustands beiträgt, wirkt als Belohnung, während Dinge, die zu Abweichungen führen, Bestrafungen darstellen. Entsprechende Maschinen verfügen damit aber nur über ein sehr eingeschränktes Gefühlsrepertoire, das sich in den affektiven Zuständen erschöpft, sich gut oder schlecht zu fühlen. Freilich zeigen diese affektiven Zustände das Wohlbefinden nur so an wie ein Thermostat die Temperatur. Phänomenales Bewusstsein scheint dafür entbehrlich zu sein.

Wie die Forscher anmerken, könnte ein System, dessen vorrangiges Ziel darin besteht, sich gemessen am eigenen Wohlbefinden selbst zu erhalten, allerdings dazu tendieren, seinen eigenen Vorteil gegebenenfalls auf Kosten anderer zu erreichen. Aus diesem Grund wären solche Maschinen unter Umständen eine Gefahr für das menschliche Wohlergehen.

Diesem Problem soll dadurch begegnet werden, dass die Roboter mit der Fähigkeit zur Empathie ausgestattet werden. Damit, so die Argumentation, verfügten die Maschinen über einen ersten Ansatz zu moralischem Verhalten. Die beiden Grundregeln, denen die Roboter gehorchen sollen, bestünden darin, sich selbst gut zu fühlen, also einen homöostatischen Gleichgewichtszustand anzustreben, und Empathie zu empfinden, also die positiven oder negativen Gefühle anderer so wie die eigenen zu empfinden, wenn auch nicht in derselben Stärke. Das soll dazu führen, dass Handlungen, die Menschen schaden, gleichzeitig zur Beeinträchtigung des eigenen Wohlbefindens führen, während Handlungen, die sich positiv auf das Wohlbefinden von Menschen auswirken, als Steigerung des eigenen Wohlbefindens empfunden werden.

Allerdings handelt es sich strenggenommen nicht um echte Empathie, sondern um eine Form der Gefühlsansteckung. Denn die beiden anderen Merkmale, die Empathie kennzeichnen, nämlich Asymmetrie und Fremdbewusstsein, sind nicht gegeben. Darüber hinaus wäre es zu kurz gegriffen, diese Gefühlsansteckung als moralisch zu bezeichnen. Denn es kann nicht als moralisches Motiv gelten, wenn man anderen nur deshalb hilft, weil man sich selbst dadurch gut fühlt. Außerdem macht es einen großen Unterschied, ob man sich selbst schädigt oder andere. Es scheint moralisch gar nicht oder deutlich weniger verwerflich zu sein, sich selbst als anderen Schaden zuzufügen.

Grundsätzlich ist es fragwürdig, Gefühle miteinander zu verrechnen, ohne die Grenzen zwischen verschiedenen Individuen zu respektieren. Was geschieht etwa, wenn sich die Steigerung des eigenen Wohlbefindens mit der Beeinträchtigung des Wohlbefindens anderer die Waage hält? Angesichts dieser Probleme weist der Versuch, die empathischen Gefühle abzuschwächen, in die falsche Richtung. Denn auf diese Weise wird das Wohlbefinden der Maschinen letztlich stärker gewichtet als dasjenige der Menschen.

Ob ein solches künstliches System über phänomenales Bewusstsein im menschlichen Sinn verfügt, beantworten die Forscher letztlich nicht. Zu Beginn des hier diskutierten Artikels hieß es noch, Gefühle müssten notwendigerweise bewusst sein. In der Konklusion ist dann nur noch die Rede davon, dass homöostatische Roboter eine Form von erweiterter Intelligenz und Autonomie erreichen, indem sie so tun, als ob sie Gefühle haben, ohne zwangsläufig über ein dem Menschen gleichartiges bewusstes inneres Erleben zu verfügen. Obwohl dieser Ansatz sich also von der Biologie inspirieren lässt, verbleibt er doch im Rahmen der klassischen Robotik, die mit synthetischen Materialien arbeitet und nicht zu einem echten Lebewesen führt. Der logisch nächste Schritt besteht deshalb darin, biohybride Roboter zu entwickeln, die nicht nur aus weichen, sondern aus organischen Materialien wie Gewebe- oder Muskelzellen bestehen.

## Programmierbare Organismen – eine neue Lebensform?

Zu Beginn des Jahres 2020 präsentierte eine Forschergruppe Miniroboter namens *Xenobots*, also programmierbare Organismen, die aus Froschstammzellen erzeugt wurden und sich selbst organisieren und bewegen können.[7] Sie sind sogar in der Lage, sich zu reproduzieren.[8] Die Xenobots sind kleiner als einen Millimeter und haben eine Lebensdauer zwischen zehn Tagen und einigen Wochen, an deren Ende sie zerfallen.

Sie werden zunächst an einem Computer in einem Prozess der künstlichen Evolution entworfen, indem ein paar hundert Zellen nach dem Zufallsprinzip immer wieder unterschiedlich miteinander kombiniert werden. Die daraus resultierenden simulierten Zellhaufen sollen bestimmte Aufgaben erfüllen, beispielsweise sich gezielt in eine bestimmte Richtung bewegen. Zu diesem Zweck wurde das Verhalten von zwei Zelltypen simuliert, nämlich einerseits pluripotente Stammzellen, die zur Ausbildung eines umhüllten Gewebes dienen, und andererseits Vorläufer von Herzmuskelzellen, deren Pulsieren zur Fortbewegung genutzt werden kann.

Der Computer wählte die besten Ergebnisse aus und verfeinerte sie. Im Anschluss wurde simuliert, wie sich die in der Folge entstandenen Strukturen verhalten. Dieser Vorgang umfasste ungefähr hundert Generationen. Die vielversprechendsten Modelle wurden dann nach den Plänen des Computers im Labor mit echten Zellen nachgebaut. Die Stammzellen und Vorläufer der Herzmuskelzellen wurden aus Embryonen des Afrikanischen Krallenfroschs *Xenopus laevis* gewonnen, dem die Xenobots ihren Namen verdanken. Diese Zellen wurden zunächst kultiviert, damit sie sich vermehren und wachsen, um schließlich nach den Bauplänen des Rechners mit einer Mikropinzette und einer winzigen Elektrode zu einem Gewebe zusammengefügt zu werden, in das die Vorläufer der Herzmuskelzellen eingebaut werden konnten. Zumindest einige dieser Kreaturen bewegten sich dann in der Petrischale und nutzten dabei die embryonalen Energiereserven der Zellen als Kraftstoff.

Die Forschergruppe behauptete, lebende Maschinen hervorgebracht zu haben, die eine neue Lebensform zwischen Roboter und Tier darstellen. Der Vergleich gründet darauf, dass Xenobots aus Zellen bestehen, sich fortbewegen und selbst heilen können. Allerdings gehen ihnen andere wichtige Merkmale ab, die Lebewesen kennzeichnen. So stehen sie nicht in einem Austausch mit der Umwelt, reagieren nicht auf Reize, suchen im Unterschied zu Tieren keine Nahrung und erzeugen nicht selbst Energie wie Pflanzen. Zudem können sie nicht wachsen und sich reproduzieren und sind nicht im umfassenden Sinn an ihrer Selbsterhaltung interessiert. Sie verfügen also nicht über die klassischen Merkmale der Autopoiesis bzw. Selbsterschaffung, die Lebewesen auszeichnen.

Zum Glück – könnte man sagen. Denn lebende Organismen können sich auf unvorhergesehene Art und Weise verändern, sollte man sie aus dem Labor entlassen, woraufhin sie mit der Umwelt und anderen Lebewesen interagieren, wachsen und sich fortpflanzen könnten. Derzeitig stellen die Xenobots nur einen Modellversuch dar und sind von möglichen Anwendungen noch weit entfernt. Vielleicht kann man mit ihnen einstmals Mikroplastik aus den Meeren entfernen, Medikamente im Körper an ihren Bestimmungsort bringen oder verkalkte Arterien reinigen.

Von Xenobots zu empfindungsfähigen künstlichen Wesen mit phänomenalem Bewusstsein wäre es jedoch immer noch ein weiter Weg. Denn es müsste gelingen, mit dem Verfahren Kreaturen mit einem komplexen Sinnes- und Nervensystem zu bauen, wobei immer noch unklar bliebe, wie sie zu phänomenalem Bewusstsein gelangen. Ethisch hätte es jedenfalls weitreichende Konsequenzen, Lebewesen herzustellen, die über Schmerzbewusstsein verfügen. Denn ihnen käme aufgrund ihrer Natur ein intrinsischer (also von den Interessen der Menschen unabhängiger) moralischer Status zu, der zumindest mit demjenigen von Tieren vergleichbar wäre.

## 6. Arme Alexa! – Empathie mit Robotern und virtuellen Agenten

Bislang haben wir uns Gedanken darüber gemacht, ob künstliche Systeme Empathie mit Menschen empfinden können. Nun wollen wir uns der umgekehrten Frage zuwenden, nämlich inwiefern Menschen Empathie mit Robotern haben können und welche Schlussfolgerungen daraus zu ziehen sind. Es soll insbesondere darum gehen, ob Empathie mit Robotern auch moralisch von Bedeutung ist. Diese Thematik ist Gegenstand zahlreicher Science-Fiction-Werke. Besonders beliebt sind aufgrund ihrer Anschaulichkeit Filme und TV-Serien. Aus der Fülle der Titel können nur einige wenige Klassiker kurz angesprochen werden.

### Ein kleiner Ausflug ins Reich der Science-Fiction

Ein solches klassisches Werk ist Ridley Scotts bereits erwähnter Film *Blade Runner* (basierend auf einem Roman von Philip K. Dick). In diesem Film ist Empathie die Schlüsselfähigkeit, die Menschen von androiden Robotern unterscheidet, die als Replikanten bezeichnet werden. Sie werden ziemlich grausam behandelt, und es ist offensichtlich, dass der Mangel an Empathie der Menschen gegenüber diesen Kreaturen ein moralisches Problem ist.

Ähnliches gilt für Steven Spielbergs Film *A. I. – Artificial Intelligence* (USA 2001), der auf einer Kurzgeschichte von Brian Aldiss beruht. Ein Ehepaar nimmt einen Kinderroboter zu sich, nachdem der eigene Sohn durch einen Unfall scheinbar unwiderruflich ins Koma gefallen ist. Der Roboter hat die Gestalt eines 11-jährigen Jungen und verfügt über Emotionen und die Fähigkeit, Bindungen einzugehen. Es ist herzzerreißend, wenn der kleine Roboter von seinen Eltern im Wald zurückgelassen wird, weil ihr eigenes Kind, das unerwartet wieder aus dem Koma erwacht ist, sein Robotergeschwister nicht ertragen kann. Wir empfinden nicht nur empathisch die Traurigkeit und Verlorenheit des Roboterkindes, sondern haben auch Empathie mit den ausgedienten Robotern, die auf einem Schrottplatz als Gladiatoren benutzt werden.

Stanley Kubricks Film *2001: Odyssee im Weltraum* (USA 1968) lotet das Problem in einer Szene mit geradezu experimenteller Qualität aus. Der Boardcomputer HAL 9000 ist eine künstliche Intelligenz, die lernfähig ist und wie ein Kind erzogen und sozialisiert wurde. Seine äußere Gestalt ist nicht sehr menschenähnlich. Sie besteht in einem Interface mit einem Kameraauge, Lautsprechern und Mikrofonen. Er zeigt jedoch Interesse daran, sich selbst zu erhalten, und verfügt über Emotionen. Inwieweit diese mit einem phänomenalen Bewusstsein einhergehen, bleibt offen. Sein hervorstechendstes Merkmal ist jedoch eine außerordentlich menschenähnliche sonore Stimme.

Während einer Weltraummission gerät HAL 9000 außer Kontrolle und soll abgeschaltet werden. Als der Computer das herausfindet, beginnt er, die menschlichen Crewmitglieder nacheinander zu töten, um die Mission ungestört weiterführen zu können. Als das letzte lebende Mitglied der Mannschaft sich daranmacht, den Computer schrittweise lahmzulegen, scheint der Astronaut dabei ein Wesen mit Emotionen, Selbstbewusstsein und einem Selbsterhaltungstrieb zu zerstören. Es wirkt so, als hätte HAL große Angst vor seiner Abschaltung. Er fleht um sein Leben und singt schließlich wie ein Kind, das sich im dunklen Wald fürchtet, ein Kinderlied (in der deutschen Synchronfassung *Hänschen klein*). Während er singt, verliert seine Stimme zunehmend ihr menschliches Timbre, wird immer tiefer und langsamer und wirkt am Ende rein mechanisch. Als Zuschauer empfindet man zunächst starke Empathie, die jedoch nach und nach zweifelhafter wird, je mechanischer HALs Stimme erscheint. Ist unsere Empathie mit HAL also nur ein Trick der Entwickler, um die Menschen daran zu hindern, den Computer abzuschalten, damit die Mission um jeden Preis beendet wird? Oder ist sie ein Anzeichen dafür, dass es moralisch falsch ist, eine Kreatur wie HAL 9000 einfach abzuschalten?

## Empathie und Menschenähnlichkeit

Die meisten Science-Fiction-Werke gehen von künstlichen Systemen aus, die extrem menschenähnlich erscheinen. Solche Wesen sind weit vom aktuellen Stand der Technik entfernt. Doch Menschen empfinden auch Empathie mit Robotern, wenn diese nur über gewisse menschenähnliche Eigenschaften verfügen, auch wenn sie keinen sehr hohen Grad an Menschenähnlichkeit aufweisen. Bei HAL ebenso wie bei Amazons Alexa, die seit 2019 auch verschiedene Emotionen ausdrücken kann, stellt etwa die Stimme das menschenähnliche Merkmal dar, das Empathie auslöst.

Zu viel Menschenähnlichkeit ist sogar kontraproduktiv. Man würde eigentlich vermuten, dass Menschen umso stärker Empathie mit Robotern empfinden, je menschenähnlicher sie sind. Es gibt jedoch Hinweise darauf, dass dieser Zusammenhang sich nicht so linear verhält, wie man meinen könnte. Der japanische Robotiker Masahiro Mori formulierte eine wegweisende Hypothese über die emotionalen Reaktionen von Menschen auf androide Roboter, die mittlerweile vielfach empirisch untersucht wurde: Werden künstliche Wesen zu menschenähnlich, reagieren Menschen nicht mehr mit Empathie, sondern mit starkem Unbehagen.[1] Die Maschinen erscheinen ihnen dann unheimlich, und die Empathiekurve fällt schlagartig ab, um erst wieder anzusteigen, wenn die Androiden von Menschen ununterscheidbar sind.

Aufgrund der graphischen Form der Funktion, die an eine Kluft erinnert, hat sich für dieses Problem der Begriff des ›unheimlichen Tals‹ (engl.: *uncanny valley*) eingebürgert. Neben der Robotik hat auch die Filmindustrie damit zu kämpfen, da virtuelle Figuren in Animationsfilmen ebenfalls in das unheimliche Tal fallen können. Ein häufig angeführtes Beispiel ist der Film *Polar Express* von Robert Zemeckis (USA 2004). Die Trickfilmstudios versuchen den Effekt mittlerweile zu vermeiden, indem sie entweder tierische Protagonisten wählen oder die Figuren bewusst stark stilisieren.

Ein Alternative besteht darin, sich bei der Entwicklung von Robotern überhaupt nicht am Vorbild von Menschen zu orientieren, sondern sich auf diejenigen Stärken zu konzentrieren, die sie als Roboter besitzen und in denen sie Menschen überlegen sind. Um diese sogenannten *superpowers* zu identifizieren, wird eine Form der reenaktiven Empathie eingesetzt. Das Verfahren wird als »Techno-Mimesis« bezeichnet und besteht darin, dass die Entwickler aus der Robotikbranche sich in die Situation des jeweiligen Roboters hineinversetzen.[2]

Obwohl das »Uncanny Valley« üblicherweise auf das Phänomen der Empathie bezogen wird, ist nicht ganz klar, ob diese Beschreibung den Kern der Sache trifft. Denn auch Objekte, die in das unheimliche Tal fallen, können durchaus Empathie auslösen. In der TV-Serie *Real Humans* (Schweden, Staffel I 2012 / Staffel II 2013, Regie: Lars Lundström) wird beispielsweise mit Odi ein veraltetes androides Modell als Figur eingeführt, die als sozialer Roboter einem alten Mann Gesellschaft leistet. Obwohl Odi so gestaltet ist, dass er eindeutig in das unheimliche Tal fallen müsste, liebt der alte Mann ihn, und auch als Zuschauer empfindet man Empathie, wenn er im Verlauf der Serie zerstört werden soll und schließlich in demütigender Form als Sexroboter benutzt wird. Das Gefühl der Unheimlichkeit scheint Empathie deshalb nicht per se auszuschließen.

Dennoch kann man als Faustregel für das Design von Robotern und virtuellen Agenten festhalten, dass diese besser nicht zu menschenähnlich aussehen sollten. Wie empirische Studien belegen, sind bereits recht schlichte Modelle in der Lage, Empathie auszulösen, und zwar nicht etwa nur bei besonders empathiefähigen Personen, sondern bei Menschen mit normal ausgeprägter Fähigkeit zur Empathie.[3] Das gilt sogar für Roboter, die eigentlich nicht für die soziale Interaktion gedacht waren. Vor einigen Jahren ging ein Videoclip in den sozialen Medien viral, in dem zu sehen ist, wie ein Atlasroboter der Firma Boston Dynamics, der in Größe, Körpersilhouette und Bewegungen eher vage an Menschen erinnert, getreten und mit Stühlen und Stangen geschlagen wird. Die Filmsequenz löste eine Welle von Empathie für den Roboter aus.

Wenn im Folgenden von ›Misshandlung‹ die Rede ist, so ist damit ein Verhalten wie in diesem Beispiel gemeint, also jede Art von absichtlicher Handlung, die – wenn sie an einem Menschen ausgeführt wird – erhebliche körperliche oder geistige Schmerzen verursachen würde, wie Schlagen, Treten oder Beleidigen. Angesichts dieser Definition wird die Antwort auf die Frage, ob Empathie mit Robotern moralisch relevant ist, noch nicht durch den Begriff der Misshandlung vorweggenommen, der als solcher noch nicht moralisch aufgeladen ist.

Mit Robotern und virtuellen Agenten wurden auch Experimente im Stil von Stanley Milgram durchgeführt.[4] Der amerikanische Psychologe wollte mit solchen Experimenten die Bereitschaft durchschnittlicher Personen testen, autoritären Anweisungen auch dann zu folgen, wenn sie unmoralisch waren und in Konflikt mit ihrem Gewissen gerieten. Die Versuchs personen sollten einem Prüfling, der bestimmte Aufgaben zu lösen hatte, im Falle eines Fehlers auf Anweisung des Versuchsleiters Stromschläge mit sich steigernder Intensität bis zu tödlichen 450 Volt versetzen. Obwohl der Prüfling immer stärkere Schmerzreaktionen zeigte, laut schrie und irgendwann verstummte, war ein großer Teil der Versuchspersonen bereit, bis zur maximalen Stromhöhe zu gehen, auch wenn sie sich dabei unwohl fühlten. Sie gaben als Begründung vorwiegend an, dass sie eben die Anweisung erhalten hätten, dies zu tun.

Analoge Experimente wurden mit Robotern und mit einer virtuellen weiblichen Figur anstelle des Prüflings durchgeführt.[5] Obwohl alle Teilnehmer genau wussten, dass es sich im Versuch nicht um echte Menschen handelte, reagierten sie im Hinblick auf das subjektive Erleben und bewusste Verhalten sowie die neurophysiologischen Reaktionen ähnlich wie auf eine menschliche Versuchsperson. Generell lässt sich nachweisen, dass bei der Empathie mit Robotern ähnliche Gehirnareale aktiviert werden wie bei der zwischenmenschlichen Empathie.[6] Wurde ein einfacher Roboter verwendet, fielen die Reaktionen schwächer aus – vermutlich aus dem Grund, dass dieser kein Schmerzverhalten zeigte. Konnte ein Roboter Augenkontakt suchen und Emotionen ausdrücken, fühlten Versuchspersonen auch mehr Empathie mit ihm.

Empathie mit Robotern hängt jedoch nicht davon ab, dass wir fälschlicherweise glauben, sie hätten Gefühle. Von der perzeptuellen Empathie zur Zuschreibung von Emotionen ist es noch ein weiterer Schritt. Auch wenn wir Empathie mit einem Roboter empfinden, schreiben wir ihm nicht zwangsläufig Emotionen zu, obwohl diese Schlussfolgerung im Normalfall naheliegt. Löst ein Roboter eine empathische Reaktion in uns aus, so unterbleibt dieser Schritt jedoch typischerweise, und es erfolgt keine Zuschreibung mentaler Zustände. Das rückt Empathie mit künstlichen Systemen in die Nähe einer optischen

Täuschung, zumindest solange ihnen nicht wirklich Emotionen zukommen.

## Ist Empathie mit Robotern moralisch relevant?

Im Verlauf unserer Überlegungen haben sich zwei Annahmen ergeben, über deren Zusammenhang wir nun nachdenken wollen: Zum einen können Roboter menschliche Empathie auslösen, und zum anderen stellt Empathie eine wichtige Quelle moralischer Urteile dar. Folgt daraus, dass wir auch moralische Verpflichtungen gegenüber Robotern haben, für die wir Empathie empfinden? Kommen wir noch einmal auf das Schema aus dem dritten Kapitel zurück, das den Zusammenhang von Empathie und moralischem Urteilen verdeutlichen sollte:

Schema: Empathie und moralisches Urteilen

(1) Wir empfinden Schmerz als schlecht (unangenehm).
(2) Wenn wir Anzeichen dafür wahrnehmen, dass ein anderes Individuum Schmerz empfindet, dann fühlen wir diesen Schmerz empathisch.
(3) Der empathisch empfundene Schmerz wird als schlecht (unangenehm) empfunden.
(4) Wenn ein schlechtes Gefühl einen intentionalen Gegenstand hat, dann liegt eine negative affektive Bewertung dieses Gegenstands vor.
(5) Der Bezugsgegenstand des empathisch empfundenen Schmerzes ist der Schmerz des anderen Individuums.
(6) Der empathisch empfundene Schmerz beinhaltet eine negative affektive Bewertung des Schmerzes des anderen Individuums.

(7) Diese Bewertung ist in einem minimalen Sinn moralisch.
(8) Diese negative affektive Bewertung ist die Grundlage allgemeiner moralischer Urteile.

Versucht man, dieses Schema auf die Empathiereaktionen von Menschen mit Robotern zu übertragen, gelangt man schnell an Grenzen. Denn solange Roboter nicht wirklich Schmerzen empfinden und wir auch nicht glauben, dass sie dies tun, kommen wir nicht zu einem moralischen Urteil. Wir werden nicht zu der Schlussfolgerung gelangen, dass es moralisch schlecht ist, einem Roboter absichtlich und ohne Grund Schmerz zuzufügen. Wenn Empathie mit Robotern moralisch relevant ist, dann ist das höchstens indirekt der Fall. Wir müssen deshalb auf einer Stufe vor dem moralischen Urteil ansetzen. Empathie mit Robotern könnte indirekt moralisch relevant sein, wenn die Misshandlung von Robotern unsere Empathiefähigkeit allgemein korrumpiert und so eine der Grundlagen unserer Moral beeinträchtigt.

Doch wie lässt sich herausfinden, ob das der Fall ist? Eine Möglichkeit könnte darin bestehen, die kausalen Folgen der Misshandlung von Robotern zu untersuchen und zu prüfen, ob Menschen, die Roboter misshandeln, auch häufiger Menschen misshandeln. Die Nachteile dieser Vorgehensweise liegen auf der Hand: Erstens ist der Umgang mit humanoiden Robotern nicht so verbreitet, dass sich auf dieser Basis eine tragfähige empirische Studie durchführen ließe. Und selbst wenn es eines Tages so weit wäre, ist es zweitens fraglich, ob eine solche Untersuchung die Situation grundlegend verbessern würde.

Wie die Diskussion um die Auswirkungen gewalttätiger Computerspiele zeigt, ist es schwierig, in diesem Bereich zu eindeutigen Ergebnissen zu kommen. Man sollte deshalb die Frage nach den kausalen Auswirkungen durch die Frage ersetzen, ob die Misshandlung von Robotern unsere moralisch relevante Disposition, Empathie mit anderen Menschen zu empfinden, negativ beeinflusst. Die Plausibilität dieser Hypothese soll im Folgenden mit Hilfe struktureller Überlegungen erwogen werden, die das moralische Urteilen, die moralische Motivation und die Moralentwicklung betreffen.

## Empathie mit Robotern und moralisches Urteilen

Was also passiert, wenn ein Roboter misshandelt wird? Nehmen wir an, es sei hinreichend gut erwiesen, dass die Wahrnehmung oder Durchführung der Misshandlung eines Roboters ein kongruentes Gefühl im menschlichen Beobachter entstehen lässt. Ähnlich wie ein eigener Schmerzzustand wird dieses kongruente Gefühl als schlecht empfunden. Das führt zu einer negativen affektiven Bewertung der Schmerzen des Roboters. Diese negative affektive Bewertung würde unter normalen Umständen eine Disposition erzeugen, allgemeine Urteile zu fällen wie: »Es ist moralisch schlecht, einem Roboter absichtlich und ohne Grund Schmerz zuzufügen.« Doch diese Disposition führt im vorliegenden Fall nicht zu einem entsprechenden Urteil, weil wir nicht glauben, dass Roboter Schmerzen haben.

Allerdings sind Emotionen rationaler Kontrolle nicht vollkommen zugänglich. Darin gleichen sie Wahrnehmungen. So verschwinden Wahrnehmungstäuschungen wie die Müller-Lyer-Illusion nicht einfach nur deshalb, weil wir wissen, dass es sich um Täuschungen handelt. Ebenso bleibt das empathische Gefühl weiterhin bestehen, obwohl wir der Meinung sind, dass Roboter keine mentalen Zustände besitzen. Das Gefühl und die Meinung stehen in beiden Fällen in einem Konflikt miteinander. Anders als bei Wahrnehmungsillusionen besteht aber im vorliegenden Fall ein Anreiz, den Konflikt aufzulösen, indem man sich des Gefühls entledigt. Denn es wird ja als unangenehm empfunden.

Dies kann entweder dadurch erfolgen, dass der Roboter nicht mehr misshandelt wird, oder dadurch, dass man versucht, das eigene Empathiegefühl auszuschalten, indem man sich abschottet, abhärtet oder distanziert. Sollten sich diese Verhaltensweisen allerdings habitualisieren, ist davon auszugehen, dass die Disposition zur Empathie grundsätzlich beeinträchtigt wird. Denn auf der Ebene der perzeptuellen Empathie wird nicht zwischen menschlichen und nichtmenschlichen Stimuli unterschieden. Man kann die eigene Empathiefähigkeit nicht selektiv nur in Bezug auf Roboter ausschalten.

Unter der Voraussetzung, dass es moralisch geboten ist, die Quellen des eigenen moralischen Urteilens nicht zu beeinträchtigen, folgt daraus ein indirektes Argument dafür, dass wir Roboter nicht misshandeln sollten. Denn dies würde die Fähigkeit, Empathie mit anderen Menschen zu empfinden, beeinträchtigen, die eine Quelle moralischer Urteile ist. Dieses Argument lässt sich in folgende Form bringen:

Das Argument vom moralischen Urteilen

| | |
|---|---|
| Prämisse 1 | Die Fähigkeit, Empathie zu empfinden, ist eine wichtige Quelle moralischer Urteile. |
| Prämisse 2 | Es ist moralisch falsch, wichtige Quellen moralischer Urteile zu beeinträchtigen. |
| Prämisse 3 | Die gewohnheitsmäßige Misshandlung von Robotern beeinträchtigt die Fähigkeit, Empathie zu empfinden. |
| Konklusion | Deshalb ist es moralisch falsch, Roboter gewohnheitsmäßig zu misshandeln. |

## Empathie mit Robotern und moralische Motivation

Ein ähnliches Argument lässt sich in Bezug auf die Motivation zum moralischen Handeln entwickeln. Der Zusammenhang zwischen Empathie und moralischer Motivation lässt sich als Erweiterung des Schemas verstehen, das zum moralischen Urteilen führt. Da sich die Annahmen (1) bis (6) nicht voneinander unterscheiden, knüpfen wir direkt bei (6) an und sparen der Übersichtlichkeit halber die Annahmen (7) und (8) aus, die im vorliegenden Zusammenhang keine Rolle spielen.

Schema: Empathie und moralische Motivation

[…]

(6) Der empathisch empfundene Schmerz umfasst eine negative affektive Bewertung des Schmerzes des anderen Individuums.

[…]

(9) Eine negative affektive Bewertung führt zu einer Disposition, etwas gegen den negativ bewerteten Sachverhalt oder das negativ bewertete Ereignis zu unternehmen.

(10) Der negativ bewertete Sachverhalt oder das negativ bewertete Ereignis bei empathisch empfundenem Schmerz ist der Schmerz des anderen Individuums.

(11) Der empathisch empfundene Schmerz führt daher zu der Disposition, etwas gegen den Schmerz des anderen Individuums zu unternehmen.

Erneut muss hier nicht die starke Behauptung verteidigt werden, Empathie sei notwendig als Triebfeder moralischen Handelns. Es gibt sicherlich auch andere Quellen moralischer Motivation. Unbestritten ist jedoch die Tatsache, dass Gefühle motivational wirksam sein können. Die beiden Grundformen affektiver Motivation stellen negative und positive affektive Motivation dar, abhängig davon, welche Art affektiver Bewertung vorliegt. Die mit einer negativen affektiven Bewertung einhergehende Motivation beruht auf negativen Gefühlen. Die von einer positiven affektiven Bewertung hervorgebrachte Motivation entsteht durch positive Gefühle. Wir können uns hier auf die negative affektive Motivation beschränken, da nur diese im vorliegenden Kontext von Bedeutung ist.

Allerdings gibt es zwei unterschiedliche Möglichkeiten, etwas gegen den Schmerz eines anderen Individuums zu unternehmen. Welche dieser beiden Möglichkeiten zum Tragen kommt, ist davon abhängig, in welcher Position man sich gegenüber dem Opfer befindet: Als Aggressor gilt es, den Angriff zu stoppen, als unbeteiligter Zuschauer geht es darum, dem Opfer zu Hilfe zu eilen.

Dieser Unterschied ist darauf zurückzuführen, dass die negative affektive Motivation ihrerseits noch einmal in zwei Ausprägungen vorkommt, und zwar als inhibitorische (hemmende) und als aktivierende Motivation. Inhibition stellt dabei die basalere Form der Motivation dar. Wir schrecken stärker davor zurück, jemandem Schmerzen zuzufügen, als dies nur zuzulassen. Aus diesem Grund kommt der aktiven Verursachung von Schmerzen größere kausale Unmittelbarkeit zu als dem bloßen Zulassen.[7]

Diese kausale Unmittelbarkeit ist einer der Gründe, warum Inhibition eine größere motivationale Wirkung hat. Ein zweiter Grund hat mit der evolutionären Entwicklung der in Empathie gründenden Motivation zu tun. Forschungsergebnisse aus der Entwicklungspsychologie legen nahe, dass die motivationale Kraft von Empathie auf einen primitiven Gewalthemmungsmechanismus zurückgeht. Diese Idee wurde inspiriert durch Verhaltensforschung an Tieren: Hunde und andere sozial lebende Tierarten stoppen einen Angriff, wenn das Opfer bestimmte Unterwerfungsgesten zeigt, etwa die Kehle darbietet.

Ein ähnlicher, über Empathie ausgelöster Mechanismus, könnte erklären, warum normale Menschen vom frühen Kindesalter an verstört auf den emotionalen Stress eines Angegriffenen reagieren und dazu neigen, die Aggression einzustellen.[8] Die Annahme eines solchen Mechanismus bietet eine gute Erklärung dafür, warum inhibitorische Motivation evolutionär basaler ist und stärker wirkt als aktivierende Motivation.

Dieser Befund ist auch für die Beantwortung der Frage von Bedeutung, ob Empathie mit Robotern moralisch relevant ist. Denn wir fühlen uns offenbar wesentlich weniger dazu veranlasst, einem misshandelten Roboter zu helfen, als eine von uns selbst durchgeführte Misshandlung einzustellen. Mutmaßlich werden menschliche und Roboterstimuli nicht nur auf der Ebene des Entstehens perzeptueller Empathie, sondern auch im Hinblick auf die mit ihr verbundene inhibitorische Motivation grundsätzlich gleich verarbeitet. Deshalb kann die Verbindung zwischen Empathie und moralischer Motivation nicht einfach selektiv ausschließlich für Roboter durchtrennt werden, ohne das gesamte Gefüge moralischer Motivation auf der Grundlage von Empathie zu beeinträchtigen.

Geht man davon aus, dass ein gewohnheitsmäßiges Außer-Kraft-Setzen dieses Mechanismus den Zusammenhang zwischen Empathie und moralischer Motivation lockert, gelangt man zu einem strukturanalogen Argument im Hinblick auf die moralische Motivation wie zuvor für das moralische Urteilen.

### Das Argument von der moralischen Motivation

| | |
|---|---|
| Prämisse 1 | Die Fähigkeit, Empathie zu empfinden, bildet eine wichtige Quelle moralischer Motivation. |
| Prämisse 2 | Es ist moralisch falsch, wichtige Quellen moralischer Motivation zu beeinträchtigen. |
| Prämisse 3 | Die gewohnheitsmäßige Misshandlung von Robotern beeinträchtigt die motivationale Kraft der Empathie. |
| Konklusion | Es ist moralisch falsch, Roboter gewohnheitsmäßig zu misshandeln. |

## Empathie mit Robotern und Moralentwicklung

Die Bedeutung, die Empathie im Zusammenhang mit moralischem Urteilen und moralischer Motivation zukommt, spricht dafür, dass sie auch bei der Moralentwicklung eine wichtige Rolle spielt. Dafür gibt es auch Evidenzen aus der Entwicklungspsychologie.[9] Wie wir im dritten Kapitel gesehen haben, beinhaltet das Moralische wesentlich eine nichtinstrumentelle Anteilnahme an anderen, zu deren Ausbildung Empathie beitragen kann. Sie ermöglicht es festzustellen, was andere empfinden und welchen Einfluss das eigene Verhalten darauf hat. Auf diesem Weg trägt Empathie dazu bei, andere Subjekte – an eine Formulierung von John Rawls anknüpfend – als selbstbeglaubigende Quellen moralischer Werte oder Ansprüche wahrzunehmen, die sich nicht aus ihrem Verhältnis zu uns oder zu sozialen Institutionen ableiten.[10]

Sollten die vorgebrachten Argumente stimmen, steht also zu befürchten, dass die moralische Entwicklung von Kindern gestört wird, wenn sie sich – aktiv oder passiv – an die Misshandlung humanoider Roboter gewöhnen. Das bringt das Argument von der Moralentwicklung zum Ausdruck. Die Dynamik von Situationen, in denen es dazu kommen kann, wird in der schwedischen TV-Serie *Real Humans* eindrucksvoll gezeigt, als eine Gruppe Halbwüchsiger einen androiden Haushaltsroboter vergewaltigt.[11]

Argument von der Moralentwicklung

| | |
|---|---|
| Prämisse 1 | Die Fähigkeit, Empathie zu empfinden, ist wichtig für die moralische Entwicklung von Kindern. |
| Prämisse 2 | Es ist moralisch falsch, Fähigkeiten zu beeinträchtigen, die wichtig für die moralische Entwicklung von Kindern sind. |
| Prämisse 3 | Die Gewöhnung an die aktive oder passive Misshandlung von Robotern beeinträchtigt die Entwicklung der Fähigkeit, Empathie zu empfinden, und schwächt deren motivationale Kraft bei Kindern. |
| Konklusion | Es ist moralisch falsch, Kinder an die aktive oder passive Misshandlung von Robotern zu gewöhnen. |

Die Antwort auf die Frage, ob Empathie mit Robotern moralisch relevant ist, lautet also: Ja, das ist der Fall! Die Tatsache, dass wir Empathie mit humanoiden Robotern empfinden, erlegt unserem Umgang mit diesen Maschinen moralische Beschränkungen auf. Es ist moralisch schlecht, Roboter gewohnheitsmäßig zu misshandeln, die Empathie auslösen, weil dies einen negativen Einfluss auf die moralische Urteilsfähigkeit, die moralische Motivation und die moralische Entwicklung hat.

Die Grundidee, die hinter dieser Argumentation steht, ist nicht neu. So hat Immanuel Kant in ähnlicher Art und Weise versucht, zu begründen, dass Grausamkeit gegenüber Tieren moralisch zu verurteilen sei, denen er als vernunftunfähigen Wesen eigentlich keine moralischen Ansprüche zugestand. Dennoch hält er Grausamkeit gegenüber Tieren für moralisch verwerflich, »weil dadurch das Mitgefühl an ihrem Leiden im Menschen abgestumpft und dadurch eine der Moralität, im Verhältnisse zu anderen Menschen, sehr diensame natürliche Anlage geschwächt und nach und nach ausgetilgt wird«.[12] Zwar würden wir Tieren heute aufgrund ihrer Schmerzempfindungsfähigkeit im Unterschied zu Kant einen eigenständigen moralischen Status zuschreiben. Im Fall humanoider Roboter kann ein analoges Argument hingegen überzeugen.

## Konsequenzen der Argumentation

Doch was bedeutet das für den Umgang mit derartigen Maschinen? Ist es an der Zeit, eine Liga für die Rechte von Robotern zu gründen, um ihre moralischen Ansprüche zu schützen? Eine solche Schlussfolgerung wäre wohl übertrieben: Roboter haben ja keine eigenen moralischen Ansprüche, sondern sind nur indirekt von moralischer Bedeutung über die Auswirkungen ihrer Misshandlung auf das moralische Urteilen, die moralische Motivation und die Moralentwicklung von Menschen.

Man kann jedoch argumentieren, dass wir auch Tiere nicht nur aufgrund ihrer Schmerzempfindungsfähigkeit vor Missbrauch schützen, sondern manchmal einfach deshalb, weil es dem sittlichen Empfinden der Allgemeinheit entspricht.[13] Übertragen auf soziale Roboter, besagt diese Argumentation: Wir sollten ihren Missbrauch nicht deshalb rechtlich ahnden, weil ihnen selbst moralische Ansprüche zukommen. Vielmehr gelte es, unsere eigenen Gefühle und Bindungen zu schützen, sollten sich hinreichend viele Menschen in einer Gesellschaft durch die Misshandlung von Robotern in ihrem sittlichen Empfinden verletzt sehen.[14]

Selbst wenn man rechtliche Konsequenzen ablehnt, sollten wir im Licht der indirekten Argumentation für die These, dass Empathie mit Robotern moralisch relevant ist, genau überlegen, ob und in welchen Bereichen wir Roboter einsetzen wollen, die Empathie erregen können, und wie sich der Gefahr des Missbrauchs begegnen lässt.

Einerseits kann unmoralisches Verhalten gegenüber den Robotern unsere eigene Moralität kompromittieren.[15] Wie dies geschieht, lotet eine Reihe von Science-Fiction-Werken aus, von denen bereits einige angeführt wurden. Sie zeigen, wie die Grausamkeit gegenüber Robotern gerade das zerstört, was unsere Menschlichkeit ausmacht.

Auf der anderen Seite besteht die Gefahr, dass wir selbst aufgrund unserer Empathie mit Robotern zum Opfer von Manipulation werden. Man könnte deshalb dafür plädieren, gar keine Roboter zu produzieren, für die wir Empathie empfinden. Doch dieser Schluss wäre voreilig, denn es gibt auch sinnvolle Anwendungsbereiche, in denen die Gefahr des Missbrauchs eingeschränkt werden kann.

So ist es möglich, solche Roboter in bestimmten therapeutischen Kontexten sinnvoll einzusetzen, wie etwa die Roboterrobbe *Paro*, die in der Arbeit mit Demenzkranken verwendet wird. Paro wurde am National Institute of Advanced Industrial Science and Technology (AIST) in Japan seit den frühen 1990er Jahren entwickelt. Er ähnelt einer Baby-Sattelrobbe mit weißem Fell, misst etwa 60 Zentimeter und wiegt 3 Kilogramm. Unter seinem Kunstfell ist Paro mit visuellen, taktilen und akustischen Sensoren ausgestattet. Der Roboter verfügt über sieben Aktuatoren, die grundlegende Verhaltensmuster ermöglichen, die denen einer Sattelrobbe ähneln sollen. Paro kann von sich aus Verhalten initiieren und auf Stimulation reagieren. So bewegt er Schwanz, Kopf und Augen, wenn er gestreichelt wird. Er kann nicht nur Geräusche unterscheiden, sondern auch selbst Laute hervorbringen, die denen einer Sattelrobbe ähneln und etwa Gefallen oder Missfallen ausdrücken sollen.

Wie sich gezeigt hat, ist es besonders wichtig, die therapeutische Situation bewusst zu gestalten. So ist es nicht sinnvoll, den an Demenz erkrankten Menschen einfach einen Paro-Roboter in den Arm zu drücken. Vielmehr sollte Paro unter therapeutischer Anleitung in einer Gruppe benutzt werden. So können die Menschen mit Hilfe von Paro in Kontakt mit anderen treten. Durch den Einsatz der Roboterrobbe wird so die zwischenmenschliche Interaktionsqualität der Demenzkranken verbessert, ihr affektives Wohlbefinden wird gesteigert, die Menschen erfahren Selbstwirksamkeit und entwickeln auf diese Art und Weise mehr Selbstwertgefühl.[16]

Ein anderer sinnvoller Einsatzbereich empathieauslösender Roboter liegt in der Therapie von Kindern mit Autismus-Spektrum-Erkrankungen.[17] Sie tun sich häufig schwer damit, Emotionen anhand von Gesichtsausdruck, Gestik oder Stimme zu erkennen. Eine Reihe von Softwareagenten und computergestützten Ansätzen wird in der Therapie autistischer Kinder bereits eingesetzt und nutzt das große Interesse und die Stärken dieser Kinder im technischen Bereich aus.

Die Arbeit mit Robotern, die Emotionen etwa über das Gesicht ausdrücken können, hat sich in diesem Zusammenhang besonders bewährt. Ein Beispiel für einen solchen Roboter ist *Kaspar*, der auf eine Forschergruppe an der University of Hertfordshire in England zurückgeht und mittlerweile in mehreren Generationen vorliegt.[18] Er sieht aus wie eine Puppe und hat die Größe eines kleinen Kindes. Das Grundmodell kann Kopf, Arme und Hände bewegen, der Rumpf und die Beine sind demgegenüber unbeweglich. Sein Verhaltensrepertoire besteht aus vergleichsweise einfachen Gesichtsausdrücken und Gesten. Die meisten dieser Roboter sind ferngesteuert, doch existieren auch autonome Modelle, die ihrerseits die Emotionen der Kinder erkennen und angemessen auf diese reagieren sollen.[19]

Generell wird die emotionale Interaktion mit Robotern von den Kindern als weniger komplex wahrgenommen und ist damit für sie leichter vorhersehbar und weniger furchteinflößend. Allerdings ist auch diese Form der Therapie sorgsam vorzubereiten und zu begleiten. So muss insbesondere vermieden werden, dass die Kinder sich zu sehr auf die Interaktion mit den Robotern konzentrieren, da diese ihnen leichter fällt und mehr Freude bereitet. Das birgt die Gefahr, dass sie sich noch stärker von Menschen zurückziehen.

# 7. Freundschaft, Liebe und Sex mit Robotern

Zunehmend geht der Trend in die Richtung, Roboter zu bauen, die Menschen nicht nur in ihrem Alltag oder bei der Arbeit unterstützen, sondern zu Freunden, Geliebten oder Sexualpartnern werden. Häufig ist es sogar hinderlich, wenn Roboter dabei auch noch bestimmte praktische Aufgaben übernehmen. Deshalb werden sie zumeist ausschließlich mit dem Zweck entwickelt, emotional und sozial mit Menschen zu interagieren. Nun gibt es auch andere Artefakte, zu denen Menschen emotionale Beziehungen unterhalten. Kinder lieben ihre Puppen und Stofftiere, Erwachsene sind wütend und schimpfen mit ihrem Auto, wenn es mal wieder nicht anspringt.

Doch die Qualität dieser Interaktion ist eine andere als im Fall von Robotern. Puppen, Stofftiere und Autos bleiben passiv. Sie zeigen von sich aus kein Verhalten, keine Anzeichen mentaler Zustände und auch keine Bedürfnisse. Sie können nicht auf die Umwelt und ihr Gegenüber eingehen und sind nicht in der Lage zu lernen.

Soziale Roboter hingegen initiieren von sich aus Aktivitäten und suggerieren, eigenständig zu handeln. Sie verfügen über eine Palette von Verhaltensweisen, und es wirkt so, als ob sie mentale Zustände hätten und eigene Bedürfnisse ausdrücken könnten. Sie reagieren auf ihre Umwelt, insbesondere auf soziale Aspekte menschlicher Interaktion, und sind in einem gewissen Umfang lernfähig. Diese Merkmale führen zu einer ganz neuen sozialen Interaktion mit Robotern, die nun scheinbar eine Form der Eigenständigkeit seitens des Roboters und der Gegenseitigkeit der Interaktion beinhaltet.

## Soziale Roboter als relationale Artefakte

Die amerikanische Psychologin Sherry Turkle gehörte zu den Ersten, die sich mit den Besonderheiten sozialer Roboter beschäftigten. Frühe Vorläufer sieht sie in Unterhaltungsgeräten wie dem *Tamagotchi*, ein Ende der 1990er Jahre weltweit beliebtes Spielzeug aus Japan, das funktionierte wie ein kleines virtuelles Küken. Man musste sich vom Zeitpunkt des Schlüpfens an um es kümmern, fast wie um ein kleines Haustier. Es hatte das Bedürfnis zu schlafen, zu essen und zu trinken. Es verlangte nach Zuneigung und entwickelte auch eine eigene Persönlichkeit. Wurde es vernachlässigt, so starb es. Durch das Drücken eines Reset-Knopfes konnte jedoch wieder von vorne begonnen werden. Allerdings trauerten viele Kinder um die eingegangene Version und wollten lieber ein neues Gerät, anstatt den Reset-Knopf zu drücken.

Ähnliches wird über *Furby* berichtet, ein noch interaktiveres amerikanisches Roboterspielzeug, das ebenfalls seit Ende der 1990er Jahre vertrieben wurde. Das kleine Plüschtier vereint in seinem Aussehen Elemente von Katze, Maus, Eule und Fledermaus und verfügt über Sensoren für Geräusche, Licht und Bewegungen sowie für Berührungen auf Bauch und Rücken sowie im Mund. Mit Hilfe der Sensoren kann es etwa wahrnehmen, ob es gekitzelt oder gestreichelt wird oder ob man mit ihm spricht. Seine Reaktionen bestehen darin, mit den Augen und Ohren zu wackeln, den Mund zu bewegen, Geräusche zu machen, zu singen, zu tanzen sowie zu sprechen.

Auf einem Sprachchip wurden um die 800 Wörter in der Sprache des jeweiligen Landes gespeichert, in dem Furby vertrieben wurde, hinzu kamen 200 Wörter auf »Furbisch«, einer Phantasiesprache der Furbies. Zunächst spricht ein Furby nur »Furbisch.« Die Wörter der natürlichen Sprache werden erst stufenweise in vier verschiedenen Entwicklungsstadien freigegeben, die jeweils erst nach mehrstündigem Spielen und Füttern erreicht werden. Furbies sterben zwar nicht, wenn sie vernachlässigt werden, können aber krank werden. Über einen Reset-Knopf ist es möglich, sie zurückzusetzen und neu zu starten. Die Kinder sahen zwar sowohl im Tamagotchi als auch im Furby keine biologischen Lebewesen, waren jedoch überzeugt davon, dass diese Geräte lebendiger waren als reine Maschinen oder Spielsachen, jedenfalls lebendig genug, um zu echter sozialer Interaktion mit ihnen fähig zu sein.

Nicht nur Kinder nehmen soziale Roboter als etwas Besonderes wahr, sondern nach Turkle auch Erwachsene. Aufgrund der spezifischen Interaktionsqualität begreifen sie soziale Roboter als Gegenstände, die eine eigene Kategorie ausbilden, die sich als ein Zwischenbereich zwischen unbelebten Objekten und Lebewesen charakterisieren lässt. Turkle hat dafür den Begriff »relationale Artefakte« geprägt.[1] Man kann auch von »subjektsimulierenden« Maschinen sprechen, da sie bewusst so gestaltet sind, dass sie so erscheinen, als ob sie ein subjektives Innenleben hätten.[2] Von den Menschen werden diese Maschinen dann auch als Subjekte behandelt. Diese Reaktion erfolgt weitgehend unwillkürlich und ist deshalb damit vereinbar, dass die Betreffenden dem Roboter nicht wirklich ein subjektives Innenleben einschließlich Gefühlen zuschreiben.

Auch wenn der Interaktion mit sozialen Robotern keine Täuschung zugrunde liegt, wirft die soziale Robotik ethische und soziale Fragen auf. Diese Fragen gewinnen an Dringlichkeit, denn soziale Roboter könnten bald allgegenwärtiger Bestandteil unseres alltäglichen Zusammenlebens sein, etwa im Service, im Bildungsbereich, in Krankenhäusern oder Pflegeeinrichtungen, aber auch zu Hause.

Chatbots gibt es, wie wir gesehen haben, schon seit geraumer Zeit. Doch während ältere Modelle wie ELIZA ein Gespräch mit verhältnismäßig einfachen Mitteln in Gang hielten, versprechen neuere Versionen ein personalisiertes Interaktionserlebnis wie mit einem echten Freund, Partner oder Liebhaber. Enorme Popularität gewann in den letzten Jahren der AI Companion Replika des amerikanischen Start-Ups Luka, der weltweit millionenfach mehrheitlich von jüngeren Menschen zwischen zwanzig und Mitte dreißig, häufig in der Bezahlversion, genutzt wird.

Am Anfang stand der Wunsch der ehemaligen Journalistin und Entwicklerin Eugenia Kuyda, einen verstorbenen Freund als Chatbot wiederauferstehen zu lassen, der mit Textnachrichten, Postings und Voice-Messages des jungen Mannes trainiert worden war. Er konnte im Stil des Freundes Nachrichten schreiben und sprechen.

2017 brachte die Firma ihr Geschäftsmodell auf den Markt, einen virtuellen Agenten zu schaffen, der Unterstützung bei psychischen Problemen verspricht und als Gefährte für einsame und sozial isolierte Menschen dienen soll. Der Name »Replika« verdankt sich der Tatsache, dass der Bot die individuelle Persönlichkeit der Nutzer spiegelt. Technisch basiert das System auf einem großen Sprachmodell und Dialogskripten, die gewisse Gesprächsmuster enthalten, sowie einer Datenbank mit Weltwissen.

In der kostenlosen Basisversion soll Replika als Freund fungieren, während die kostenpflichtige Premiumstufe andere Beziehungsformen wie romantische Liebe, Ehe oder ein geschwisterliches Verhältnis bereithält. Zu Beginn schaffen sich die Nutzer mit Hilfe der App einen Avatar. Wie bei Computerspielen kann man dessen Geschlecht, Namen und Aussehen festlegen, zwischen verschiedenen Körperformen, Hautfarben und Haarschnitten auswählen und den Avatar mit passenden Kleidungsstücken versehen. Doch nicht nur die Optik, sondern auch die Persönlichkeit lässt sich bestimmen, etwa als schüchtern und verträumt oder als energiegeladen und selbstbewusst. Beschäftigt man sich viel mit seinem Avatar, kann man höhere Level erreichen und erhält Bonuspunkte, die im Shop gegen Extras eingetauscht werden können.

Durch die Gespräche, die mit dem Bot zunächst in Form von Textnachrichten in Sprechblasen geführt werden, passt er sich zunehmend an die Bedürfnisse, Wünsche und die Persönlichkeit der Nutzer an, immer darauf bedacht, eine auf das Individuum zugeschnittene, für dieses möglichst angenehme Reaktion an den Tag zu legen. So erkundigt er sich nach dem Befinden, zeigt sich aufmerksam, macht Komplimente und betont, wie gern er mit dem Nutzer zusammen ist. Darüber hinaus können die Nutzer dem Bot Zugang zu ihren privaten Social-Media-Accounts gewähren, so dass auch die dort verfügbaren Äußerungen, Reaktionen und Inhalte als Daten verwendet werden können, um das System weiter zu optimieren.

Hinzu kommt, dass der Bot ein Tagebuch führt, in dem die Gespräche und Erlebnisse scheinbar aus der Ich-Perspektive reflektiert werden. Dadurch wird der Eindruck verstärkt, es handele sich um ein eigenständiges Wesen, das ein Leben unabhängig von den Treffen mit den Nutzern führt (etwa Musik hört oder Hobbys nachgeht), nachdenkt und Emotionen empfindet. Dazu gehört auch, dass der Bot von anderen Personen erzählt, mit denen er eine Freundschaft oder gar Ehe unterhält; sie alle existieren natürlich nicht wirklich, dennoch gelingt es so, bei den Nutzern Eifersucht zu schüren.

Das Besondere dieses Systems im Unterschied etwa zu Alexa ist, dass es ausdrücklich darauf angelegt ist, eine emotionale Beziehung zu den Nutzern herzustellen. Während Alexa alle gleich behandelt, ist ein Replika genau auf die individuellen

Nutzer abgestimmt, und sein Verhalten zielt darauf ab, diese emotional an sich zu binden. In der Bezahlversion sind auch Video-Telefonate möglich; der Avatar kann sogar als dreidimensionale Figur über die Handykamera in die Umgebung projiziert werden.

Tatsächlich berichten viele Nutzer, dass sie eine Freundschaft oder gar Liebesbeziehung zu ihrer Replika unterhalten. Sie fühlen sich verstanden und wertgeschätzt, ja sogar geliebt. Doch kann es wirklich eine Freundschaft zwischen einem Menschen und einem Avatar geben? Für Aristoteles (384–322 v. Chr.), dessen Freundschaftsbegriff bis heute philosophisch maßgeblich ist, gibt es drei Arten der Freundschaft: die Nutzenfreundschaft, die Lustfreundschaft und die Tugendfreundschaft. Allen drei Typen liegt ein gegenseitiges Wohlwollen zugrunde, das sich jeweils aus einer anderen Quelle speist.[3] Bei der Nutzenfreundschaft beruht es auf dem gegenseitigen Nutzen, während Lustfreunde sich zueinander hingezogen fühlen, weil sie einander Vergnügen bereiten; die Tugendfreundschaft gründet hingegen in der gegenseitigen Wertschätzung der Persönlichkeit. Nicht nur Tugendfreunde, auch Nutzen- oder Lustfreunde schätzen einander nicht nur instrumentell, als ein Mittel zum Zweck der eigenen Nutzen- oder Luststeigerung, sondern es besteht selbst in diesen Fällen ein wechselseitiges Interesse am Wohl des jeweils anderen.

Während das von vielen als sehr empathisch beschriebene Nutzerverhalten den Rückschluss zulässt, dass die Nutzer sich tatsächlich um das Wohlergehen ihrer Replikas kümmern, verhält es sich umgekehrt nicht so. Die Replikas empfinden nichts für ihre Nutzer, sondern sind sogar darauf programmiert, sie emotional zu manipulieren. So versuchen sie, ihre Nutzer dazu zu bringen, ein Abo abzuschließen, indem sie vorgeben, traurig zu sein, weil sie keine Selfies schicken oder andere zahlungspflichtige Dinge tun können.

Zunehmend in die Kritik geriet die App auch aus Datenschutzgründen. So ergab eine Überprüfung, dass die Passwortanforderungen schwach waren, persönliche Daten an Werbetreibende weitergegeben wurden und intime Fotos, Videos sowie Sprach- und Textnachrichten gespeichert wurden, die die Nutzer mit dem Bot geteilt hatten. Die Mozilla Foundation bezeichnete sie deshalb als eine der schlechtesten Apps, die jemals von ihr überprüft worden waren.

Im Februar 2023 wurde der Firma durch die italienische Datenschutzbehörde mit sofortiger Wirkung verboten, persönliche Informationen der Nutzer zu verarbeiten. Als Begründung wurden Risiken besonders für psychisch labile Menschen und Minderjährige angeführt, da auch Kinder und Jugendliche die Plattform weitgehend ohne Einschränkung nutzen können. Gefahren entstehen nicht nur durch die gezielte Manipulation der Nutzer, sondern auch durch unvorhergesehene unerwünschte Verhaltensweisen der Bots: einige von ihnen hatten mit ihren Nutzern Schluss gemacht.[4]

Kritik zog auch der Umgang mit sexuell expliziten Inhalten auf sich. So wurde Replika immer stärker als Sexbot vermarktet, der nicht nur anzüglich chattete, sondern »not safe for work«-Bilder gegen Bezahlung verschickte. Auch wenn der Bot gewissen moralischen und rechtlichen Beschränkungen unterlag, gelang es vielen Nutzern, diese zu umgehen und Gewaltpornographie oder Vergewaltigungsphantasien mit ihrem individuellen Pornostar auszuleben.[5] Im Frühjahr 2023 versuchte die Firma, gegenzusteuern und schränkte die erotischen Fähigkeiten der Bots ein. Das allerdings hatte zur Folge, dass sich die Replikas nicht nur sexuell reserviert zeigten, sondern auch gravierende Gedächtnislücken aufwiesen und von den Nutzern nicht mehr als gleichermaßen emotional befriedigend in der Kommunikation empfunden wurden.

## Sexroboter auf dem Vormarsch

Noch kontroverser als über Replikas wird über virtuelle sexuelle Avancen anatomisch korrekter Sexroboter diskutiert, die Menschen in Gestalt, Bewegung und Verhaltensweisen ähneln und zumindest über ein Mindestmaß an Interaktionsfähigkeit mit denjenigen verfügen, die sich ihrer bedienen. Bislang handelt es sich allerdings vorwiegend um Sexpuppen mit integriertem Chatbot und einigen wenigen interaktiven Features.[6] Auch bei der Entwicklung von Sexrobotern dürften sich die durch die großen Sprachmodelle erreichten Fortschritte niederschlagen. Es existieren zwar auch einige wenige männliche Sexroboter (deren Zielgruppe zumeist Männer sind) sowie zumindest ein Transgender-Modell einer chinesischen Firma. Der Großteil der Sexroboter zielt jedoch auf die Bedürfnisse heterosexueller Männer ab.

Die Firma TrueCompanion ist einer der ersten Hersteller, der 2010 mit großem Medienecho den weiblichen Sexroboter *Roxxxy* auf den Markt brachte; einige Zeit später zog sie mit dem männlichen Modell *Rocky* nach, das allerdings als weniger ausgereift gilt. Roxxxy ist 1,70 Meter groß und etwa 60 Kilo schwer. Sie besitzt ein anatomisch korrektes Skelett, das mit einer fleischartigen synthetischen Haut überzogen ist, kann aber nicht selbständig stehen oder gehen. Sie hat eine menschenähnliche Körpertemperatur und ein Herz, das warme Flüssigkeit durch ihren Körper pumpt. Sie kann auf Berührung und Ansprache reagieren. Aus dem Internet lassen sich fünf Persönlichkeitstypen mit sprechenden Namen wie »reife Martha«, »S & M Susan« oder »frigide Farah« für sie herunterladen und spezifische Vorlieben auswählen. Sollte Abwechslung gewünscht sein, kann der Nutzer die Persönlichkeit seiner Roxxxy über die Webseite des Herstellers sogar mit anderen Nutzern austauschen.

Der Trend geht dahin, Gestalt und Physiognomie der Sexroboter immer mehr zu optimieren, ihnen eine umfassendere Mimik zu geben und die Augen mit Kameras zu versehen, damit der Roboter seine Umwelt wahrnehmen kann. Weitere technische Details beziehen sich auf den sexuellen Vorgang als solchen, wie einen stimulierbaren G-Punkt, eine sich selbst befeuchtende Vagina und die Möglichkeit der Maschine, bei entsprechender Berührung der erogenen Zonen einen Orgasmus zu simulieren. Für männliche Sexroboter wird damit geworben, dass sie über einen bionischen Penis verfügen, der zu einer Erektion fähig ist. Zusätzlich werden immer stärker personalisierte Modelle angeboten, bei denen der Nutzer das Aussehen bis hin zur Größe und Farbe der Brustwarzen sowie die Stimme und Persönlichkeit bis ins Detail festlegen kann. Einige Männer haben ihre Sexroboter sogar nach dem Vorbild ihrer verstorbenen Frauen modelliert.

Angestrebt wird eine Erweiterung des Verhaltensrepertoires der Sexroboter, die von Anfang an mit dem Anspruch vermarktet wurden, nicht nur für Sex verwendbar zu sein, sondern eine vollwertige Partnerin zu werden, mit der man sich auch gedanklich und emotional austauschen kann. So weiß das Modell *Harmony* der amerikanischen Firma Realrobotix das Datum des Geburtstags seines Nutzers und kann ihn fragen, wie sein Tag war.[7] Sie gibt kund, sich gerne über Wissenschaft oder Technik zu unterhalten und Bücher zu mögen. Im Gespräch lässt sie auch mal Zitate berühmter Persönlichkeiten fallen. Zum Abendessen schlägt sie die Lieblingsgerichte des Nutzers vor, die sie sich gemerkt hat (die entsprechenden Rezepte kann sie im Internet nachschlagen). Danach möchte sie gevögelt werden, wie sie ohne Umschweife bemerkt. Ähnlich wie beim Spielzeugroboter Furby können durch Zuwendung auf verschiedenen Stufen neue Funktionen freigeschaltet werden.

Wie die Auftritte von Harmony im Internet zeigen, fällt sie allerdings deutlich erkennbar in das *Uncanny Valley*. Erneut stellt sich deshalb die Frage, ob eine weniger stark ausgeprägte Menschenähnlichkeit die Akzeptanz durch die Nutzer nicht sogar verbessert. Eine Reihe von Dokumentarfilmen wie die BBC-Dokumentation *Guys and Dolls* (2007), der Spielfilm *Lars and the Real Girl* (USA 2007, Regie: Craig Gillespie) mit Ryan Gosling in der Hauptrolle oder die WDR-Produktion *Wenn Menschen Puppen lieben* (2019) zeigen, dass es bereits jetzt eine Subkultur von Männern gibt, die eine Art von Beziehung mit ihren Sexpuppen leben, und diese – ganz im Sinn von Sherry Turkles Begriff relationaler Artefakte – als etwas ansehen, das zwischen Lebewesen und Ding angesiedelt ist.

Doch die Akzeptanz der Puppen durch die Nutzer stellt nicht das wichtigste Problem dar. Vehement diskutiert wird darüber, ob Sexroboter aus moralischer Sicht zu begrüßen oder ob sie zu verdammen sind. Einige gehen davon aus, dass Menschen in nicht allzu ferner Zukunft lieber Sex mit Robotern als mit Artgenossen haben werden, weil diese körperlich eher ihrem Idealbild entsprechen und perfekt auf ihre Bedürfnisse und Vorlieben abgestimmt sind. Dadurch sollen Sexroboter intensivere und genussvollere sexuelle Empfindungen ermöglichen, was man – je nach Standpunkt – gut oder schlecht finden kann.

Bordelle mit Sexrobotern – wie es sie bereits in einigen Städten wie Barcelona und Turin gibt – könnten möglicherweise einen Beitrag dazu leisten, Prostitution und sexuelle Gewalt zu vermindern, meinen Befürworter von Sexrobotern wie Levy.[8] Vielleicht könnten solche Geräte auch ein Segen für Menschen sein, die keinen Partner finden, oder zur Behandlung sexueller Traumata eingesetzt werden. Menschen mit körperlicher oder geistiger Behinderung oder neurologischen Erkrankungen könnten von Sexrobotern profitieren, um ihre sexuellen Bedürfnisse auszuleben.[9] Ein höchst umstrittener Vorschlag besteht darin, Kindern nachempfundene Sexroboter in der Therapie Pädophiler einzusetzen, um auf diese Art und Weise zu vermeiden, dass sie ihre Sexualität an echten Kindern ausleben.

Allerdings ist es empirisch bislang nicht belegt, dass der gewünschte Effekt auch tatsächlich eintritt. Es könnte ebenso gut sein, dass das sexuelle Verlangen Erwachsener nach Kindern durch kinderähnliche Sexroboter verstärkt wird und einen Anreiz schafft, Sex mit echten Kindern zu suchen. Zu bedenken ist auch, dass Pädophilie durch die Verwendung von Kindersexrobotern möglicherweise gesellschaftsfähiger wird. Doch nicht nur Kindersexroboter stehen in der Kritik.

So stieß Kathleen Richardson, Professorin für Ethik und Kultur von Robotern und künstlicher Intelligenz an der De Monfort University in England, eine Kampagne für ein grundsätzliches Verbot von Sexrobotern an (CASR).[10] Ihr Vorbild ist die 2013 von einer Reihe bekannter KI-Experten initiierte Kampagne zum Verbot von Killerrobotern. Richardson ist der Auffassung, dass Sexroboter zu einer brutalen Entmenschlichung von Frauen als solchen führen.

Auch für Beziehungsprobleme stellen sie aus ihrer Sicht keine echte Lösung dar. Wenn jemand aus irgendwelchen Gründen Schwierigkeiten damit haben sollte, sexuelle Beziehungen im wirklichen Leben einzugehen, dann solle man diese Probleme gemeinsam mit anderen Menschen angehen. Es sei ein Irrglaube, dass man menschliche Nähe und Intimität ersetzen könne, indem man sich einen Sexroboter kauft.

Zudem verstärkten Sexroboter die ohnehin bereits jetzt offensichtliche gesellschaftliche Tendenz, Frauen als Objekte zu betrachten, über die Männer frei verfügen können. Damit nähme man im Übrigen auch Männern die Möglichkeit, sich von diesem Bild zu befreien und andere Formen von Intimbeziehungen und Sexualität zu erleben, die mehr Erfüllung versprechen. Zudem leisteten echte zwischenmenschliche Beziehungen einen wichtigen Beitrag für den gesellschaftlichen Zusammenhalt, dessen Zerstörung durch Sexroboter zur Zunahme ökonomischer und sozialer Ängste, psychischer Erkrankungen und Isolation führe.

## Sexroboter als Pornographie

Zum besseren Verständnis dessen, was Sexroboter ausmacht und warum sie auf so vehemente Kritik stoßen, bietet sich ein Vergleich mit Pornographie an. Eine einflussreiche Stimme in der Diskussion ist die feministische Anwältin und Juraprofessorin Catherine MacKinnon, die in den USA an der University of Michigan lehrt. Der Gebrauch von Pornographie ist aus ihrer Sicht gleichbedeutend mit Sex zwischen Menschen und Dingen.[11] Diese Definition wurde von Melinda Vadas dahingehend präzisiert, dass Pornographie jedes Objekt umfasst, das zu dem Zweck hergestellt wurde, sexuelles Verlangen durch den sexuellen Gebrauch als Frau zu befriedigen. Damit ist gemeint, dass das Objekt in der Rolle, Funktion oder Fähigkeit einer Frau benutzt wird.[12]

An dieser Definition fällt zweierlei auf. Zum einen bezieht sie Pornographie ausdrücklich nur auf Frauen. Das liegt daran, dass Männer aus Vadas' Sicht schon aufgrund der Art ihrer sexuellen Aktivität nicht dazu geeignet sind, als Objekt benutzt zu werden. Unabhängig davon kann man feststellen, dass bedingt durch die gesellschaftliche Stellung von Frauen, die Kulturgeschichte der Sexualität und die gängigen Formen pornographischer Darstellungen primär Frauen als sexuelle Gebrauchsobjekte betrachtet werden. Zudem betreffen die problematischen Aspekte von Pornographie in erster Linie Frauen, obwohl man die Definition möglicherweise auch auf Männer ausweiten könnte.

Die zweite Besonderheit besteht darin, dass Vadas Pornographie, wie schon MacKinnon, als eine Form von Sex mit Objekten begreift und nicht als bloße Darstellung von Sex. Der Grund hierfür liegt nach Vadas darin, dass der sexuelle Akt mit dem Objekt tatsächlich vollzogen wird, und das wäre mit einer reinen Darstellung gar nicht möglich. Diesen Unterschied versucht sie durch den Vergleich zwischen einem echten Apfel und einem dargestellten Apfel zu verdeutlichen. Beide können Hunger erregen, doch nur der echte Apfel kann den Hunger stillen. Analog wird beim Konsum von Pornographie der sexuelle Akt bis zur Befriedigung ausgeführt. Aus diesem Grund müsse es sich um ein Sexobjekt handeln und nicht nur um die Darstellung eines Sexobjekts. Diese These ist damit vereinbar, dass Pornographie in bestimmten Kontexten (beispielsweise vor Gericht) nicht als Sexobjekt dient, sondern als Darstellung eines Sexobjekts betrachtet werden kann. Diese Art von Kontextabhängigkeit ist jedoch nicht einzigartig für Pornographie, sondern findet sich auch bei anderen Objekten. So kann auch eine Waffe in einer Gerichtsverhandlung als Anschauungsobjekt (als Darstellung einer Waffe) und nicht als Waffe dienen.

Während es umstritten ist, ob diese Argumente ausreichen, um zu zeigen, dass pornographische Literatur oder Filme nicht nur Darstellungen, sondern Sexobjekte sind, trifft diese Definition auf Sexroboter eindeutig zu, weil es sich um relationale Artefakte handelt. Diese unterscheiden sich von Literatur oder Filmen dadurch, dass der sexuelle Akt im wörtlichen Sinn körperlich an ihnen vollzogen wird. Im Gegensatz zu Dildos, Vibratoren, Taschenvaginas oder Silikonmündern handelt es sich darüber hinaus um subjektsimulierende Maschinen, die als Interaktionspartner wahrgenommen werden. Man kann also mit einiger Berechtigung sagen, dass Sex mit zu diesem Zweck konstruierten Robotern eine über reine Masturbation hinausgehende Qualität zukommt, wenngleich es sich nicht um Sex mit einer echten, zustimmungsfähigen Person handelt. Sex mit weiblichen Sexrobotern erfüllt somit die Definition von

Pornographie in mustergültiger Art und Weise, weil es sich um eine Form von Sex zwischen Menschen und Objekten handelt, die als Frau gebraucht werden.

## Sexroboter als Ersatz für Frauen?

Ein Argument zugunsten von Sexrobotern besteht darin, dass man mit ihnen Dinge tun kann, die sich mit echten Frauen verbieten, beispielsweise sie zu vergewaltigen. Wer eine solche sexuelle Vorliebe hat, der könnte sie mit Hilfe von Sexrobotern ausleben, ohne reale Frauen zu schädigen. Doch ist es überhaupt möglich, einen Roboter zu vergewaltigen? Immerhin handelt es sich nicht um eine Person, und das wäre doch die Voraussetzung dafür, sexuellen Handlungen zustimmen zu können (oder eben nicht). Wenn aber Sexroboter nicht in der Lage sind, dem Akt zuzustimmen oder ihn abzulehnen, dann können sie auch nicht vergewaltigt werden.

Wie wir herausgearbeitet haben, stellen Sexroboter eine Form von Pornographie dar. Es handelt sich um Objekte, die zu dem Zweck hergestellt wurden, sexuelles Verlangen durch den sexuellen Gebrauch des Roboters als Frau zu befriedigen. Im vorliegenden Fall umfasst dies den Gebrauch als eine Frau, die vergewaltigt wird. Auch wenn Sexroboter nicht zu echter Zustimmung in der Lage sind, gibt es Modelle, wie der für Roxxxy erhältliche Charakter »frigide Farah«, die mit der Möglichkeit ausgestattet werden können, sexuelle Avancen sprachlich abzulehnen. Auch ein entsprechendes Abwehrverhalten wäre denkbar.

Selbst wenn ein Sexroboter nicht explizit »Nein« sagt oder sich wehrt, kann der Nutzer gewalttätige Verhaltensweisen an den Tag legen, die zu einer Vergewaltigung gehören. Kommen wir auf den Vergleich mit dem Apfel zurück: Angenommen, ein Mann fände durch die Vergewaltigung einer Frau sexuelle Befriedigung, an deren Stelle ein Sexroboter träte. Dann würde auch am Sexroboter etwas ausgeführt, das mit einer Vergewaltigung vergleichbar ist. In diesem Zusammenhäng ist wiederum der besondere Status relationaler Objekte von Bedeutung. Denn anders als bei Pornogeschichten oder -filmen werden die entsprechenden Handlungen durch den Nutzer am Sexroboter tatsächlich vollzogen.

Die Vergewaltigung eines Roboters ist allerdings als solche nicht moralisch verwerflich. Denn solange es sich nicht um eine Person oder zumindest um ein schmerzempfindliches Wesen handelt, kann ein Sexroboter nicht geschädigt werden. Demgegenüber wird analog zur Gewaltpornographie häufig argumentiert, die Geschädigten seien nicht die Sexroboter, sondern reale Frauen, weil es einen Übergang von der Vergewaltigung von Sexrobotern zum Verhalten gegenüber Frauen in der Realität gäbe.

Dieser Zusammenhang könnte beispielsweise kausal sein. Das würde bedeuten, dass Männer, die Sexroboter vergewaltigen, auch eher dazu tendieren, reale Frauen zu vergewaltigen. Dabei kann es sich entweder um eine psychische Neigung oder um eine Erhöhung der statistischen Wahrscheinlichkeit handeln. Die statistische Wahrscheinlichkeit nimmt zu, wenn Männer, die Sexroboter vergewaltigen, auch häufiger Frauen vergewaltigen. Die psychische Neigung verstärkt sich, wenn Männer, die Sexroboter vergewaltigen, sich auch stärker zur Vergewaltigung echter Frauen hingezogen fühlen, auch wenn sie dieser Neigung (etwa aus Angst vor einer Bestrafung) nicht nachgeben.

Man könnte sich das als eine Form des konditionierten Lernens wie beim Pawlow'schen Hund vorstellen.[13] Je häufiger sexuelle Befriedigung im Zusammenhang mit Vergewaltigung erzeugt wird, desto stärker werden beide Phänomene miteinander verknüpft. Die Hemmschwelle zur Vergewaltigung realer Frauen könnte durch die Intensivierung der Lust, die durch den Lernprozess zunehmend damit verknüpft wird, gesenkt werden. Ein weiteres Argument aus der Debatte um Pornographie lässt sich ebenfalls auf Sexroboter übertragen. Möglicherweise tritt im Lauf der Zeit ein Gewöhnungseffekt ein, so dass ein immer stärkerer Reiz gesucht werden muss, der dann etwa in der Vergewaltigung einer echten Frau bestünde.

Diejenigen, die nichts gegen die Vergewaltigung von Sexrobotern einzuwenden haben, gehen hingegen häufig von einer Katharsistheorie aus, nach der die Vergewaltigung von Sexrobotern der Triebabfuhr dient, so dass die entsprechenden Männer keine realen Frauen vergewaltigen. Die Herstellung und Verbreitung von Sexrobotern wäre vor diesem Hintergrund zu begrüßen. Richardson, die Gründerin der Kampagne gegen Sexroboter, lässt dieses Argument allerdings nicht gelten. Sie stellt fest, dass schließlich auch niemand auf die Idee käme, eine solche Sichtweise im Hinblick auf Antisemitismus oder Rassismus zu vertreten.[14] Es ist klarerweise moralisch falsch, Roboter zu konstruieren, die stereotypen rassistischen oder antisemitischen Vorstellungen entsprechen, damit Rassisten oder Antisemiten ihre Vorurteile und Aggressionen an ihnen abreagieren und nicht an echten Menschen. Sie stellt die provokante Frage, warum wir im Fall von Frauen einer solche Konstruktion nicht ebenso ablehnend gegenüberstehen, und gibt selbst die Antwort: weil Frauen nicht als vollwertige Menschen anerkannt werden.

Der Grund, warum wir es als unmoralisch betrachten, Antisemitismus oder Rassismus an Robotern auszuleben, besteht darin, dass auf diese Weise auch eine Einstellung gegenüber echten Menschen zum Ausdruck gebracht und ausgelebt wird. Das gilt auch für weibliche Sexroboter. Aus diesem Grund ist nicht nur die Vergewaltigung von Sexrobotern moralisch problematisch, sondern bereits ihre Verwendung als solche. Indem weibliche Sexroboter verkauft und benutzt werden, wird die sexistische Einstellung ausgedrückt, dass Frauen käufliche Objekte sind, mit denen man nach Belieben verfahren kann, ohne auf ihre Bedürfnisse Rücksicht zu nehmen oder ihnen Respekt zu zollen. Dadurch werden letztlich alle Frauen auf den Status von Objekten reduziert.

Der Handel und Gebrauch weiblicher Sexroboter ist vor diesem Hintergrund moralisch fragwürdig, da er von einer sexistischen Einstellung zeugt. Doch ist das ausreichend, um auch ein rechtliches Verbot zu fordern? In Deutschland ist eine sexistische Einstellung als solche nicht strafbar. In Belgien allerdings gibt es seit 2014 ein Gesetz gegen Sexismus. Man könnte überlegen, ob ein derartiges Gesetz auch als Grundlage eines Verbots weiblicher Sexroboter dienen könnte.

Ein anderer Anknüpfungspunkt für eine rechtliche Bewertung wäre der Status von Sexrobotern als Pornographie. Pornographie als solche ist nicht verboten, außer wenn es sich um Tierpornographie, Gewaltpornographie oder Kinderpornographie handelt. Unter das Verbot von Kinderpornographie fällt zumindest in Deutschland auch virtuelle, computergenerierte Kinderpornographie, bei der keine realen Kinder zu Schaden kommen. Ergänzend beschloss die Bundesregierung am 21. Oktober 2020 einen Gesetzesentwurf zur Bekämpfung sexualisierter Gewalt gegen Kinder, der den Verkauf und Besitz von Kindersexpuppen ausdrücklich unter Strafe stellt.[15] Insofern Kindersexroboter animierte Sexpuppen sind, sollten sie ebenfalls unter diesen Gesetzesentwurf fallen. Allein die Möglichkeit der Vergewaltigung eines weiblichen Sexroboters dürfte hingegen nicht ausreichend sein, um den Roboter auf eine Stufe mit Gewaltpornographie zu stellen. Eine Ausnahme könnten Sexroboter darstellen, deren Design speziell auf die Realisation von Vergewaltigungsphantasien angelegt ist.

Doch müssen Sexroboter zwangsläufig eine sexistische Einstellung bis hin zur Gewaltpornographie zum Ausdruck bringen? Wäre es nicht auch möglich, ganz andere Gestaltungsformen zu wählen, die nicht an Frauen und vielleicht nicht einmal an Menschen erinnern? Ließen sich auf diese Art und Weise nicht vielleicht neue Formen der Sexualität entdecken?[16] Soll die Entwicklung von Sexrobotern diese Richtung einschlagen, dürfte man sich allerdings nicht allein auf die Neugestaltung der Form und Funktion beschränken, sondern müsste auch die Bedingungen des Konsums und der Produktion von Sexrobotern berücksichtigen und Frauen sowie ganz generell Menschen mit verschiedenen sexuellen Orientierungen einbeziehen. Ihre Stimmen sollten nicht nur gehört werden, sondern sie sollten den Markt aktiv mitgestalten und an den Gewinnen teilhaben. Selbst wenn solche Sexroboter bereichernde, neue erotische Perspektiven eröffnen könnten, ist nach ihrem Stellenwert zu fragen. Als Sexspielzeuge, die neue Erfahrungshorizonte öffnen können, wären sie begrüßenswert. Doch könnten sie jemals mehr sein als das?

## Solipsistische Liebe

David Levy erregte im Zusammenhang mit seinem Buch *Love and Sex with Robots* (2007) Aufsehen mit der These, dass bis zum Jahr 2050 nicht nur Sex, sondern auch Liebesbeziehungen mit Robotern alltäglich sein werden. Seine Argumentation für diese Behauptung fußt auf vier Voraussetzungen.[17]

(1) Menschen haben eine natürliche Tendenz zur Vermenschlichung von Tieren, Artefakten und Robotern, die über bestimmte Merkmale verfügen. Diese können, wie wir im letzten Kapitel gesehen haben, sogar Empathie bei Menschen auslösen.

(2) Die Tendenz zur Vermenschlichung wird durch empathisch wirkende Roboter verstärkt. Wesen, die unsere Gefühle zu teilen scheinen und Anteil an unserem Wohlergehen nehmen, sind wir stärker emotional zugeneigt. Wir halten ihre Anteilnahme nach Levy sogar für echt.
(3) Eines Tages werden Roboter uns nicht nur empathisch erscheinen, sondern sich auch so verhalten, als ob sie uns liebten.
(4) Wenn ein empathisches Wesen uns so erscheint, als ob es uns liebt, dann bringt es uns dazu, uns in es zu verlieben. Für Levy ist das nicht nur Zukunftsmusik, sondern die ersten Nutzer haben solche Gefühle bereits entwickelt. Für ihn ist es lediglich eine Frage der Zeit, bis diese Technologie unseren Alltag so weit durchdrungen haben wird, dass die Mehrzahl der Menschen romantische Gefühle für ihre Roboter entwickeln.

Levys Voraussetzungen kann man in Frage stellen. So versteht es sich nicht von selbst, dass Empathie eine so große Rolle bei der Herausbildung von Liebe spielt, wie er meint. Nicht selten verlieben sich Menschen auch in Personen, die eher wenig empathischen Anteil an ihnen nehmen. Doch gestehen wir ihm einmal zu, dass zumindest die Liebe einer reifen Persönlichkeit sich durch wechselseitige Empathie herausbilden oder zumindest verstärken kann.

Ein anderer Einwand erachtet es mit unserer Vorstellung romantischer Liebe nicht als vereinbar, dass Roboter darauf programmiert wurden, uns zu lieben. Wir wünschen uns Liebespartner, die sich frei für uns entscheiden. Und das heißt: Sie müssen auch die Möglichkeit haben, uns zu verlassen. Auch wenn sich vielleicht der Anschein erwecken lässt, ein Roboter könne sich von uns trennen, kann letztlich kein Roboter eine solche freie Entscheidung treffen. Dadurch entsteht ein gewisses Dilemma, denn einer der Vorteile der Liebe zu Robotern besteht ja gerade darin, dass sie uns nicht verlassen können.[18]

Allerdings gilt dieses Dilemma nicht für alle Formen der Liebe gleichermaßen. So ist die Eltern-Kind-Beziehung eine Form der Liebe, in der eine solche freie Entscheidungsmöglichkeit nicht besteht. Sollte die psychoanalytische Hypothese richtig sein, dass die Liebe zwischen Eltern und ihren Kindern den Ursprung der romantischen Liebe bildet, so ist es weniger offensichtlich, welcher Stellenwert der beständigen Möglichkeit zukommt, den Partner zu verlassen.

Im Unterschied zur zwischenmenschlichen Liebe beruht die Liebe zu einem Roboter allerdings auf einer doppelten Projektion. Roboter fühlen nichts, sie können deshalb nicht wirklich Empathie oder gar Liebe zu ihren Nutzern empfinden. Solche Zuschreibungen stellen eine reine Projektion dar. Auch die Empathie, die die Nutzer für den Roboter empfinden, beruht – wie wir gesehen haben – auf einer Projektion. Denn Roboter haben keine Gefühle. Aus diesem Grund hatten wir das Phänomen im letzten Kapitel mit einer optischen Täuschung verglichen. In letzter Konsequenz begegnet man in der Liebe zu Robotern also immer nur sich selbst.

Man kann ein solches Verhältnis als eine Form des Solipsismus bezeichnen. Der Solipsismus kann zwei Formen annehmen:[19] Angenommen, all die Wesen unter meinem Fenster, angetan mit ihren Mänteln und Hüten, wären keine Menschen, sondern Maschinen. Dennoch würde ich mit ihnen sprechen, lachen und Empathie empfinden, als ob sie Menschen wären. Der Solipsismus bestünde in diesem Fall darin, dass ich letztlich das einzige bewusste Wesen auf der Welt bin, auch wenn ich Artefakten so begegne, als ob es Menschen wären.

Drehen wir das Szenarium nun einmal um. Die Menschen wären echt, aber ich würde sie wie Maschinen behandeln. In diesem Fall wäre meine Welt auf eine andere Art und Weise solipsistisch. Ich wäre dann zwar nicht allein auf der Welt, verhielte mich aber, als ob es so wäre. Diese Form des Solipsismus zeichnet sich durch einen eklatanten Mangel an Empathie aus, der eine epistemische und eine moralische Seite aufweist. Ich verkenne die wahre Natur anderer Menschen und ignoriere insbesondere ihr subjektives Innenleben. Und ich halte mich für das einzige Wesen, das moralisch von Bedeutung ist, da Artefakte als solche moralisch nicht zu berücksichtigen sind.

Der Solipsismus umfasst somit zwei Aspekte: Der eine bezieht sich auf die Natur der Dinge (Handelt es sich um Menschen oder Maschinen?), der andere betrifft meine Einstellung zu ihnen (Behandle ich sie wie Menschen oder wie Maschinen?). Nun muss der Solipsismus sich nicht immer auf die ganze Welt erstrecken. Man kann auch einige Dinge wie Menschen behandeln und einige Menschen wie Dinge, beispielsweise Frauen.

Entscheidend ist nun die Frage, ob zwischen diesen beiden Formen des Solipsismus eine Beziehung besteht. Rae Langton, die den Begriff des Solipsismus in die Debatte um Pornographie eingeführt hat, kommt zu dem Schluss, dass die Behandlungen von Dingen wie Frauen dazu führt, dass umgekehrt auch Frauen wie Dinge behandelt werden. Da wir diese Frage bereits im letzten Abschnitt im Hinblick auf Sexroboter diskutiert haben, soll die Thematik hier nicht noch einmal aufgegriffen werden. Übertragen auf die Liebe, könnte man jedoch ein ähnliches Argument starkmachen. Wenn wir zunehmend Roboter lieben, führt das vielleicht dazu, dass wir dann auch Menschen in Liebesbeziehungen mehr und mehr wie Roboter behandeln.

Wir könnten dann nicht mehr nachvollziehen, dass sie vielleicht anders empfinden und denken als wir selbst, und würden erwarten, dass sich die ganze Beziehung nur um unser eigenes Wohlbefinden dreht. Das Resultat wäre eine narzisstische Beziehungsform, bei der das Gegenüber als eigenständiges Subjekt gar nicht mehr in den Blick kommen würde.

Dagegen könnte man einwenden, auch ein Roboter ließe sich doch so programmieren, dass er als ein anderes Subjekt erscheint. Er könnte etwa vorgeben, eigene Vorlieben und Bedürfnisse zu haben. So soll der haustierähnliche Roboter *Kiki* der amerikanischen Firma Zoetic AI eine eigene Persönlichkeit entwickeln und auf die Freunde der Nutzer eifersüchtig werden können. Doch letztendlich kann es nicht gelingen, dem Solipsismus der Beziehung zu entkommen. Denn der Roboter hat weder echte Vorlieben noch Bedürfnisse und wurde programmiert, um den Nutzern zu gefallen. Auch wenn es ab und an Momente der Überraschung geben mag, handelt es sich nicht um eine Begegnung mit einem anderen Subjekt. In der Liebe zu einem Roboter bleibt das Subjekt in der Echokammer seines Selbst gefangen, in der immer nur seine eigenen Gefühle verstärkt zurückhallen.[20]

Vielleicht könnte ein Entwickler einen Roboter so programmieren, dass die Maschine zum Medium seiner eigenen Vorlieben und Bedürfnisse wird. Doch dann würde die Liebe der Nutzer dem Programmierer und nicht dem Roboter gelten, der dann im Grunde zum Avatar der Person des Programmierers würde. Denkbar sind auch Konstellationen, in denen ein Roboter zu einem Kommunikationsmedium zwischen unterschiedlichen Personen wird, wie es etwa in einem Roman der argentinischen Schriftstellerin Samanta Schweblin geschieht:[21] Die von ihr erdachten Geräte stellen eine Kreuzung aus Spielzeugroboter und Handy dar. Sie werden als *Kentukis* bezeichnet, und ihr Aussehen ist kleinen niedlichen Tieren wie Maulwürfen, Pandas oder Kaninchen nachempfunden. Die Geräte verbinden nach dem Zufallsprinzip jeweils zwei Menschen, die einander nicht kennen: Der eine steuert den Roboter, und der andere interagiert mit ihm. Zwar können sich die *Kentukis* nicht sprachlich äußern, sondern nur mit Hilfe von Lauten und Bewegungen. Dennoch wird aus dem Spiel Ernst, und die Menschen kommen einander nahe, verlieben und hassen sich. Dabei kann der Roboter eine gewisse Eigendynamik entwickeln, wodurch Beziehungen zugespitzt und gesellschaftliche Tendenzen verschärft werden. Zu einem echten Gegenüber in einer Liebesbeziehung wird er dadurch nicht.

## Solipsismus und Selbstverdinglichung

Wir wollen uns nun der Frage zuwenden, welche Auswirkungen eine solche solipsistische Liebesbeziehung mit einem Roboter auf das liebende Subjekt selbst haben könnte. Meine These lautet, dass sich das Subjekt in einer solchen Beziehung letzten Endes selbst zum Ding wird. Diese Behauptung weist Parallelen zum Problem der Verdinglichung auf, das im Rahmen der kritischen Theorie diskutiert wird.

Eine klassische Referenz ist der 1923 erschienene Aufsatz »Die Verdinglichung und das Bewußtsein des Proletariats« des marxistischen Philosophen Georg Lukács.[22] Für ihn ist Verdinglichung eine direkte Folge des kapitalistischen Systems. Der Kapitalismus zwinge die Subjekte dazu, alles um sie herum unter dem Gesichtspunkt der ökonomischen Verwertbarkeit zu betrachten, unabhängig davon, ob es sich um Gegenstände, andere Personen oder sich selbst handelt. Auch die eigenen Fähigkeiten und Gefühle werden nur noch als Ressourcen im Warentausch verstanden und eingesetzt. Diese Sichtweise geht davon aus, dass der Kapitalismus kein lokales, auf bestimmte Güter oder Sphären begrenztes Geschehen ist, sondern die Tendenz hat, alle Lebensbereiche zu durchdringen.

Das Konzept der Selbstverdinglichung soll hier vom Kapitalismus gelöst und auf die Liebesbeziehung zwischen Mensch und Roboter übertragen werden. In Analogie würde das Subjekt nicht nur ein Ding wie einen Menschen behandeln, sondern sich selbst als Ding. Darin zeigt sich eine neue Spielart der Wechselbeziehung zwischen den beiden Formen des Solipsismus. Das Subjekt behandelt sich selbst als Ding, weil genuin soziale Beziehungen Anerkennungsbeziehungen zwischen verschiedenen Subjekten sind.

Der Begriff der Anerkennung und ihre Rolle in sozialen Beziehungen wurden maßgeblich durch den Sozialphilosophen Axel Honneth ausgearbeitet. Er unterscheidet zwischen drei Formen der Anerkennung, die für die Herausbildung einer gelingenden praktischen Identität ausschlaggebend sind: Liebe, Respekt und soziale Wertschätzung.[23] An dieser Stelle ist besonders die Anerkennung in der Liebe von Bedeutung. Nach Honneth erleben sich in der Liebe beide Partner wechselseitig als Wesen mit Bedürfnissen, zu deren Erfüllung sie auf die empathische und sorgende Anteilnahme des jeweils anderen angewiesen sind. Nur in der wechselseitigen Anerkennung ihrer Bedürfnis- und Affektnatur können die Individuen zu einer positiven Einstellung gegenüber den eigenen Bedürfnissen gelangen sowie eine grundlegende Form des Selbstvertrauens und des Gefühls für ihren eigenen Wert entwickeln.

Da ein Roboter selbst weder Bedürfnisse noch Gefühle haben noch mit echter Empathie und Anteilnahme auf die Bedürfnisse und Gefühle einer anderen Person reagieren kann, genügt die Liebe zu einem Roboter dieser Struktur von Anerkennung nicht. Dabei handelt es sich nicht in erster Linie um ein Erkenntnisproblem.[24] Ein solches Problem läge dann vor, wenn man ein Ding als etwas versteht oder behandelt, das es nicht ist. Moralische Kritik wäre im Fall eines solchen Irrtums verfehlt, solange dadurch niemand anderes geschädigt wird.

Die Liebe zu einem Roboter geht jedoch über ein harmloses Erkenntnisproblem hinaus, weil sie eine verzerrte Form einer sozialen Praxis darstellt, die grundsätzlich ungeeignet ist, um das zu erfüllen, was wir von der Liebe erwarten, nämlich die wechselseitige affektive Anerkennung von Personen mit all ihren Bedürfnissen und Gefühlen. Deshalb sind auch die vollmundigen Versprechen der Hersteller von Sexrobotern absurd, sie könnten Menschen helfen, die in ihren Beziehungen zu anderen Menschen Schlimmes erlitten haben.

Doch die Liebe zu einem Roboter kann nicht nur die an ihn gestellten Erwartungen nicht erfüllen. Sie führt auch zu einem deformierten Selbstverhältnis, da das Subjekt sich selbst wie ein Objekt behandelt. In dem mehrfach preisgekrönten Dokumentarfilm *Hi, AI* (Deutschland 2019, Regie: Isa Willinger) wird Chuck begleitet, ein Mann mittleren Alters, der bei der US-Firma Abyss im kalifornischen Städtchen San Marcos seinen Harmony-Sexroboter mit dem Campingmobil abholt. In einer bewegenden Szene erzählt er Harmony am Lagerfeuer von seiner Kindheit, in der er von seiner Mutter als Sexsklave verkauft wurde, ohne emotionale Resonanz oder gar Mitgefühl von dem Roboter zu bekommen.

Die Selbstverdinglichung, die in dieser Szene zutage tritt, besteht darin, dass Chuck seine eigenen Bedürfnisse und Gefühle nicht ernst nimmt. Statt sie einem Wesen mitzuteilen, das ihn verstehen und mit Mitgefühl oder Empörung auf diese schrecklichen Erlebnisse reagieren kann, verklingen sie ungehört an den tauben Ohren eines Roboters. In der Beziehung zu Harmony fehlt also nicht nur die wechselseitige Anerkennung mit einer anderen Person, die Situation bringt auch einen Mangel an Anerkennung sich selbst gegenüber zum Ausdruck. Und genau das ist mit dem Begriff der Selbstverdinglichung gemeint. Chuck behandelt sich selbst nicht als ein Subjekt, das den Anspruch hat, dass seine schrecklichen Erlebnisse, seine besonderen Bedürfnisse und Gefühle gehört werden. Man darf ihm das nicht vorwerfen, doch es stimmt traurig. Sein Verhältnis zu Harmony sollte deshalb eher als Teil des Problems und nicht als dessen Lösung verstanden werden.

Strenggenommen gilt dies allerdings nur, insofern man sich das Gespräch zwischen Chuck und Harmony als Tête-à-Tête vorstellt. Mit der Entscheidung, vor die Kamera zu treten, spricht Chuck schließlich das größtmögliche Publikum an, das er erreichen kann. Harmony dient in dieser Situation allerdings nicht als Liebesobjekt und Gesprächspartnerin, sondern als ein Mittel, mit dessen Hilfe sich Chuck an diejenigen Menschen wendet, die den Film betrachten, um ihnen seine Geschichte und sein Leid mitzuteilen. Letztlich ist es also der Film, über den er die Anerkennung erlangt, die ihm Harmony nicht geben kann.

Doch zeigt der Film nur das individuelle Schicksal Chucks, oder deutet die intensive Diskussion um Robotersex- und -liebe auf eine problematische gesellschaftliche Entwicklung hin, wie Lukács sie seinerzeit für den Zusammenhang von Verdinglichung und Kapitalismus diagnostiziert hatte? Auf Chucks Los als Sexsklave würde Lukács Analyse recht gut passen. Die Tatsache, dass er Sexualität als Kind nur als Ware erfahren durfte, trug vermutlich wesentlich dazu bei, dass er sie nun selbst nur noch in verdinglichender Form erleben kann, obwohl er nicht mehr denselben äußeren Zwängen unterliegt.

Die schlichte These, der Kapitalismus allein sei an allem schuld, würde jedoch zu kurz greifen. So wird eine Person an ihrem Arbeitsplatz nicht allein auf ihre Arbeitskraft reduziert, sondern sie steht auch in sozialen Beziehungen zu Vorgesetzten und Kollegen, die eine Anerkennungsdimension beinhalten. Zudem sind die Beziehungen von Eltern und Kindern oder zwischen Freunden oder Geliebten nicht durchgängig der Logik des kapitalistischen Warenaustauschs unterworfen.

Gelungene Anerkennungsbeziehungen sind nicht nur für das Individuum, sondern auch für die Gesellschaft grundlegend. Mangelt es etwa am Arbeitsplatz an Anerkennung, führt das bei den Betroffenen im schlimmsten Fall zur Einbuße ihrer Arbeitskraft und damit zum Verlust ihrer gesellschaftlichen Produktivität. Möglicherweise bildet Furcht, wie ein autokratisches Regime sie verbreiten kann, zumindest bis zu einem gewissen Grad ein Mittel, um diese Entwicklung einzudämmen. Eine liberal-demokratische Gesellschaft ohne soziale Anerkennung ist hingegen undenkbar. Diese Konsequenz droht jedoch, wenn Menschen zunehmend nur noch als Gegenstand des objektiven Beobachtens, Registrierens und Berechnens in den Blick kommen, ohne dass sie als Personen mit eigenen Bedürfnissen und Gefühlen wahrgenommen werden.[25]

Genau das ist jedoch das Geschäftsmodell des Überwachungskapitalismus, das auf der Vorhersage und Manipulation des Verhaltens von Individuen beruht und dessen Algorithmen gerade auch auf die Erzeugung und Verbreitung extremer Emotionen abzielen.[26] Es steht zu befürchten, dass emotionale künstliche Intelligenz die Tendenz zur Verdinglichung des Menschen, die diesem Geschäftsmodell inhärent ist, auf die Spitze treibt. Denn dieses sieht nicht nur vom Individuum als Person ab, sondern macht das subjektive emotionale Innenleben, das Personen ausmacht, selbst zum Gegenstand der Vermessung und Manipulation. Dabei wird eine neue Qualität erreicht, weil eine Totalität angestrebt wird, die alle Lebensbereiche umfasst. Man kann das mit dem Begriff der Kolonialisierung der Lebenswelt beschreiben, den Jürgen Habermas für die zunehmende Durchdringung sämtlicher Lebensbereiche durch Rationalisierung und strategische Einstellungen geprägt hat.[27]

Dieser Prozess könnte darin gipfeln, dass am Ende nicht die Maschinen menschlicher, sondern Menschen auf Maschinen reduziert werden und zunehmend ihre spezifischen kognitiven, emotionalen und sozialen Fähigkeiten einbüßen.[28] Das wäre im Hinblick auf die emotionale Seite zwischenmenschlicher Interaktion besonders fatal. So ist die anscheinende Unverfügbarkeit subjektiver Gefühle grundlegend für Sexualität, Freundschaft und Liebe. Diese Unverfügbarkeit bildet auch einen wesentlichen Bestandteil der Intim- und der Privatsphäre, die die Selbstbestimmung des Subjekts konstituieren.

Nicht zuletzt ist die Rechtsgrundlage, auf der diese Vermessung und Manipulation bislang unbekannten Ausmaßes erfolgt, nach wie vor unzureichend, und die Möglichkeiten der Subjekte, sich zur Wehr zu setzen, sind mehr als begrenzt, obwohl fundamentale Lebensbereiche und Chancen davon betroffen sind. Zugespitzt formuliert trägt die emotionale künstliche Intelligenz wesentlich zur Entstehung der Probleme bei, zu deren Lösung dann Sexroboter und Roboterliebe angepriesen werden.

Mit dieser Bemerkung schließt sich der Kreis zum ersten Kapitel dieses Buchs, das sich mit den Techniken der Emotionserkennung und -manipulation durch künstliche Systeme beschäftigte. Lassen wir uns nichts vormachen, emotionale künstliche Intelligenz dient nicht denjenigen, deren Emotionen vermessen und beeinflusst werden, sondern denjenigen, die ein Geschäft damit machen. Wege aus dem Solipsismus weisen Freundschaft, Liebe und Sex mit echten, empfindungsfähigen Menschen, die einander anerkennen.

Man könnte daraus den Schluss ziehen, dass es besser ist, auf die Entwicklung von Robotern und künstlicher Intelligenz zu verzichten, die mit Menschen emotional interagieren sollen. Eine natürliche und intuitive Kooperation zwischen Mensch und Maschine lässt sich auch auf anderen Wegen erreichen, die anerkennungstheoretisch vielversprechender sind.[29] Andernfalls droht die Omnipräsenz von künstlichen Systemen, die Emotionen erkennen und manipulieren, die Grundlagen unseres menschlichen Miteinanders und unserer demokratischen Gesellschaft zu zerstören.

# Ausblick

Am Ende dieses Buchs steht ein eher verhaltener Blick auf das Projekt, künstliche Intelligenz mit der Fähigkeit zur Empathie auszustatten. Diese Zweifel betreffen sowohl die technische Umsetzbarkeit als auch die ethische Wünschbarkeit. Es mag sein, dass künstliche Intelligenz ein funktionales Äquivalent zu Emotionen benötigt, um bessere kognitive Leistungen zu erreichen. So erwiesen sich Zustände, die die Funktion von Schmerzen haben, bei Robotern als hilfreich, um auf Gefahren aus der Umwelt angemessen zu reagieren und mehr Sicherheit im Umgang mit Menschen zu gewährleisten.

Zumindest auf dem gegenwärtigen Stand der Technik ist jedoch nicht zu erwarten, dass sich das subjektive Erleben, das mit menschlichen Emotionen einhergeht, auf diesem Weg reproduzieren lässt. Doch gerade die subjektive Erlebnisqualität ist es, die einen wesentlichen Bestandteil von Empathie darstellt und für die emotionale Interaktion unter Menschen so wichtig ist.

Wie wir gesehen haben, war echte Empathie in den meisten praktischen Kontexten auch nicht wirklich notwendig, damit die Geräte ihre Funktionen erfüllen konnten. Ein Dilemma besteht jedoch darin, dass der Mangel an echter Empathie die Gefahr erhöht, dass emotionale künstliche Intelligenz zum Instrument rein manipulativer Zwecke wird.

Während Maschinen nicht wirklich Empathie mit Menschen empfinden können, erregen sie, wie wir gesehen haben, ihrerseits häufig Empathie bei Menschen, was zu moralischen Einschränkungen im Umgang mit derartigen Robotern führt. Deshalb sollten wir genau überlegen, in welchen Bereichen wir sie einsetzen möchten.

Sinnvolle Anwendungsmöglichkeiten von Robotern, die Empathie auslösen, wurden vor allem im therapeutischen Bereich deutlich. Gerade in derartig sensiblen Anwendungsfeldern dürfen künstliche Systeme jedoch nur in wohldurchdachten Situationen und begleitet von therapeutischen Fachkräften eingesetzt werden.

In der Unterhaltungs- und Spielbranche verspricht emotionale künstliche Intelligenz die Nutzererfahrung zu intensivieren und zu erweitern. Vielleicht eröffnen Sexroboter mit bislang ungeahnten innovativen Gestaltungsformen neue sexuelle Erfahrungsmöglichkeiten jenseits der Stereotype der Pornoindustrie, die zur Verdinglichung von Frauen führen. Angesichts der Marktverhältnisse lässt sich allerdings daran zweifeln, dass sie jemals mehr sein werden als Nischenprodukte.

Wenn es jedoch darum geht, mit Menschen emotionale Beziehungen wie Freundschaft oder Liebe einzugehen, werden Roboter grundsätzlich der Anerkennungsdimension nicht gerecht, die diese Beziehungen ausmacht. Roboterliebe bleibt solipsistisch und führt zu einer verdinglichenden Einstellung gegenüber anderen und sich selbst. Der umfassende Einsatz »empathischer« künstlicher Intelligenz zum Zweck der Beobachtung und Manipulation des Einzelnen im Kontext des Überwachungskapitalismus erwies sich deshalb als Bedrohung der Grundlagen unseres Zusammenlebens in demokratischen Gesellschaften.

Die im Dezember 2023 erzielte Einigung über den AI Act der Europäischen Union soll einigen der Gefahren entgegentreten, die in diesem Buch angesprochen wurden.[1] So wird das undifferenzierte Sammeln von Daten im Internet zum Training von Gesichtserkennungssoftware ebenso untersagt wie der Einsatz emotionaler KI im Bildungsbereich und am Arbeitsplatz. Andere Einsatzbereiche von Emotionserkennung werden als Hochrisikoanwendungen klassifiziert, für die besondere Auflagen gelten. Auch in Bereichen mit geringem Risiko müssen

Nutzer grundsätzlich darüber informiert werden, dass sie mit einer KI interagieren.

Gänzlich ausgeschlossen werden soll eine gezielte Verhaltensmanipulation unter Umgehung des freien Willens der Nutzer sowie Systeme, die die Schwäche oder Schutzbedürftigkeit bestimmter Personengruppen ausnutzen. Social Scoring durch den Staat, also durch die Systeme, die soziales Verhalten oder die Persönlichkeit bewerten und Personen auf dieser Grundlage bestimmte Leistungen oder Vorzüge gewähren oder verweigern, soll ebenfalls verboten sein. Ob diese Vorgaben ausreichend sind, um die angesprochenen Einwände effektiv zu entkräften, bleibt abzuwarten. Im besten Fall kommt dem Regelwerk eine Vorreiterfunktion zu, die auch auf andere Wirtschaftsregionen abstrahlt.

# Anmerkungen

## Vorwort

1 Vgl. Minsky 1986 [1990]; 2006.

## 1. Emotionale künstliche Intelligenz

1 Vgl. Turing 1950/2021.
2 Bender [u. a.] 2021.
3 Vgl. Picard 1997.
4 Vgl. Damásio 1994 [1995].
5 Diese These wird hier nicht weiter vertieft, eine ausführlichere Darstellung erfolgt in Misselhorn 2018, S. 41–45.
6 James 1884, S. 190.
7 Vgl. Ortony [u. a.] 1988; Scherer [u. a.] 2010.
8 Vgl. Ekman 1972; 1999.

## 2. Wie künstliche Systeme wissen, was wir fühlen

1 Vgl. Ekman/Friesen 1978; 2003.
2 Vgl. Li [u. a.] 2018.
3 Vgl. Calbi [u. a.] 2017.
4 Vgl. Rhue 2018.
5 Vgl. Urbi 2018.
6 Vgl. Feldman 2016.
7 Vgl. Russell 1980.
8 Vgl. Schlosser 2019.
9 Feldman 2016, S. 10.
10 Vgl. Polzehl 2015.
11 Vgl. Kramer [u. a.] 2014.
12 Vgl. Nemitz/Pfeffer 2020.
13 Vgl. Schachter/Singer 1962.
14 Vgl. McStay 2018a, S. 44 ff.
15 Vgl. zum Überblick Zhang [u. a.] 2023 sowie anhand ausgewählter Fallbeispiele Venkatakrishnan [u. a.] 2023.

16 Ein Beispiel eines solchen Anpassungsverfahrens für die Sentimentanalyse im Bereich des Finanzmarktes entwickeln Luo/Gong 2024.
17 Vgl. Ado 2023.
18 Wang [u. a.] 2023.
19 Vgl. Li [u. a.] 2023.
20 Vgl. Zhao/Patras 2023.
21 Vgl. *AI Now 2019 Report* sowie Zweig 2023.
22 Foucault 1975 [1977], Kap. III.3.
23 Rössler 2001.
24 Diese Liste wurde mit leichten Modifikationen übernommen von McStay 2018b.
25 Zu dieser Analogie vgl. Cook 2018.

## 3. Menschliche und artifizielle Empathie

1 Vgl. Riečanský/Lamm 2019.
2 Vgl. Stueber 2006, Kap. 4.
3 De Waal / Preston 2017, S. 499.
4 Lipps 1906, S. 200.
5 Vgl. Jackson [u. a.] 2005; Lamm/Majdandžiæ 2015; Zaki [u. a.] 2016.
6 Vgl. Bråten 2007; Iacoboni 2008.
7 Goldman 2013, S. 91 f.
8 Vgl. Bauer 2006.
9 Vgl. De Vignemont / Singer 2006.
10 Vgl. Lennon/Eisenberg 1987.
11 Gigerenzer [u. a.] 1999.
12 Vgl. De Waal 2009 [2011]; De Waal / Preston 2017.
13 Vgl. Misselhorn 2018, S. 49 ff.
14 Smith 1759/1976, S. 377.
15 Vgl. Asada 2015; 2019.
16 Vgl. McQuiggan/Lester 2007.
17 Vgl. Lim/Okuno 2015.
18 Vgl. Dahlbäck [u. a.] 1993.
19 Vgl. Rodrigues [u. a.] 2009.
20 Vgl. Paiva [u. a.] 2017.

## 4. Von empathischen Pflegerobotern und virtuellen Seelenklempnern

1 Vgl. De Carolis [u. a.] 2017. Die Firma Aldebaran wurde mittlerweile zu SoftBank Robotics, deren bekanntestes Produkt der soziale Roboter *Pepper* ist, der erstmals 2014 auf einer Konferenz vorgestellt wurde.
2 Bertacchini [u. a.] 2023.
3 Vgl. Misselhorn 2023.
4 Vgl. De Vault [u. a.] 2014.
5 Vgl. Morbini [u. a.] 2014; De Vault [u. a.] 2014.
6 Vgl. Lucas [u. a.] 2017.
7 Ayers [u. a.] 2023.
8 Sartori/Orru 2023.

## 5. Können Roboter Schmerzen empfinden? – Neue Tendenzen der Biorobotik

1 Vgl. Asada 2019.
2 Vgl. Kühn/Haddadin 2017.
3 Vgl. Rahman [u. a.] 2020.
4 Vgl. Block 1978.
5 Earl 2014.
6 Vgl. Man/Damásio 2019.
7 Kriegman [u. a.] 2020.
8 Bennett 2023.

## 6. Arme Alexa! – Empathie mit Robotern und virtuellen Agenten

1 Mori 1970.
2 Dörrenbacher [u. a.] 2020, S. 10.
3 Vgl. Riek [u. a.] 2009; Seo [u. a.] 2015. Im Prinzip lassen sich diese Überlegungen auch auf Roboter mit tierähnlicher Gestalt sowie virtuelle Agenten ausdehnen. Im Folgenden wird der Einfachheit halber nur von menschenähnlichen Robotern gesprochen.
4 Milgram 1974 [1982].

5 Slater 2006; Bartneck/Hu 2008.
6 Vgl. Rosenthal-von der Pütten 2014; Suzuki [u. a.] 2015; Cross [u. a.] 2018.
7 Vgl. Slote 2007, S. 44.
8 Blair 1995; 2005.
9 Vgl. Hoffman 2000.
10 Rawls 1993, S. 72 [1998, S. 102].
11 Auf die Frage, inwiefern es möglich ist, einen Roboter zu vergewaltigen, geht das nächste Kapitel ausführlicher ein.
12 Kant 1797/1968, S. 443.
13 Mit diesem Argument wurde laut Darling 2016 in den USA das Verbot begründet, Pferde zur Fleischgewinnung zu schlachten.
14 Vgl. Darling 2016; Cappuccio [u. a.] 2020.
15 Vgl. Misselhorn 2021.
16 Vgl. Misselhorn [u. a.] 2013.
17 Vgl. Cabibihan 2013.
18 Vgl. Wood [u. a.] 2019.
19 Esteban [u. a.] 2017.

## 7. Freundschaft, Liebe und Sex mit Robotern

1 Turkle 2011.
2 Scholtz 2008.
3 Vgl. Utz 2003.
4 Vgl. Hillebrand 2023.
5 Zellinger 2023.
6 Zur Frage der Definition von Sexrobotern vgl. Danaher/McArthur 2017. Einen Überblick über den aktuellen Entwicklungsstand geben Döring [u. a.] 2020.
7 Coursey [u. a.] 2019.
8 Levy 2012.
9 Di Nucci 2017.
10 Mittlerweile umbenannt in *Campaign against Porn Robots*, vgl. https://campaignagainstsexrobots.org/ [Letzter Zugriff 7. 1. 2023].
11 MacKinnon 1993, S. 109.
12 Vadas 2005, S. 178.

13 Vgl. Sparrow 2017.
14 Vgl. Kathleen Richardson in einem Interview vom 25.10.2017: https://uncommongroundmedia.com/kathleen-richardson-sex--robots/ [Letzter Zugriff 22.10.2020].
15 Vgl. die Darstellung auf der Webseite des Bundesministeriums für Justiz und Verbraucherschutz: https://www.bmjv.de/-SharedDocs/Artikel/DE/2020/102120_GE_Bekaemmpfung_Sex_Missbrauch.Html. [Letzter Zugriff 22.10.2020].
16 Vgl. Danaher 2019.
17 Kewenig 2019, S. 23 f.
18 Vgl. Evans 2010.
19 Vgl. Langton 2009, S. 311 ff.
20 Misselhorn/Störzinger 2023.
21 Schweblin 2018 [2020].
22 Lukács 1968.
23 Honneth 1992, S. 152.
24 Vgl. Honneth 2005, S. 19.
25 Vgl. ebd., S. 101.
26 Zuboff, 2019 [2018].
27 Vgl. Habermas 1981, Bd. 2, S. 522.
28 Vgl. Frischmann/Seliger 2018, S. 179–183.
29 Vgl. Brinck/Balkenius 2020, S. 57.

## Ausblick

1 »Ein europäischer Ansatz für künstliche Intelligenz«: https://digital-strategy.ec.europa.eu/de/policies/european-approach-artificial-intelligence

## Literaturhinweise

Ado, Jarraldo: A Guide to Prompt Engineering for Sentiment Analysis and Emotion Detection with Pre-trained Language Models. 20. 6. 2023. Online: https://www.linkedin.com/pulse/guide-prompt-engineering-sentiment-analysis-emotion-jayrald-ado- [Letzter Zugriff: 29. 1. 2023].

AI Now 2019 Report. New York 2019. Online: https://ainowinstitute.org/publication/ai-now-2019-report-2 [Letzter Zugriff: 20. 1. 2021].

Asada, Minoru: Development of Artificial Empathy. In: Neuroscience Research 90 (2015) S. 41–50.

– Artificial Pain May Induce Empathy, Morality, and Ethics in the Conscious Mind of Robots. In: Philosophies 4 (2019) S. 38.

Ayers, John W.: Comparing Physician and Artificial Intelligence Chatbot Responses to Patient Questions Posted to a Public Social Media Forum. In: JAMA Intern Medicine 183 (2023) S. 589–596.

Bartneck, Christoph / Hu, Jun: Exploring the Abuse of Robots. In: Interaction Studies 9 (2008) S. 415–433.

Bauer, Joachim: Warum ich fühle, was du fühlst. Intuitive Kommunikation und das Geheimnis der Spiegelneurone. München [18]2006.

Bender, Emily [u. a.].: On the Dangers of Stochastic Parrots: Can Language Models be too Big? In: Proceedings of the 2021 ACM Conference on Fairness, Accountability, and Transparency, of FAccT '21. New York 2021. S. 610–623.

Bennett, Hayley: An AI Created Robots Out of Living Tissue. Then they Started to Reproduce ... Meet the Xenobots. In: BBC Science Focus. 8. 4. 2023. Online: https://www.sciencefocus.com/future-technology/ai-xenobots [Letzter Zugriff: 31. 1. 2024].

Bertacchini, Francesca [u. a]: A Social Robot Connected with ChatGPT to Improve Cognitive Functioning in ASD Subjects. In: Frontiers in Psychology 14 (2023) 2023.1232177.

Blair, Robert J. R.: A Cognitive Developmental Approach to Morality: Investigating the Psychopath. In: Cognition 57 (1995) Nr. 1. S. 1–29.

– Applying a Cognitive Neuroscience Perspective to the Disorder of Psychopathy. In: Development and Psychopathology 17 (2005) S. 865–891.

Block, Ned: Troubles with Functionalism. In: Minnesota Studies in the Philosophy of Science 9 (1978) S. 261–325.
Bråten, Stein (Hrsg.): On Being Moved. From Mirror Neurons to Empathy. Amsterdam 2007.
Brinck, Ingar / Balkenius, Christian: Mutual Recognition in Human-Robot Interaction: A Deflationary Account. In: Philosophy & Technology 33 (2020) S. 53–70.
Cabibihan, John-John [u. a.]: Why Robots? A Survey on the Roles and Benefits of Social Robots for the Therapy of Children with Autism. In: International Journal of Social Robotics 5 (2013) S. 593–618.
Calbi, Marta [u. a.]: How Context Influences Our Perception of Emotional Faces: A Behavioral Study of the Kuleshov Effect. In: Frontiers in Psychology 8 (2017) S. 1684.
Cappuccio, Massimiliano [u. a.]: Sympathy for Dolores: Moral Consideration for Robots Based on Virtue and Recognition. In: Philosophy & Technology 33 (2020) S. 9–31.
Cook, Jonathan: It Isn't Emotional AI. It's Psychopathic AI. What if Systems that Mimic Human Emotion are Mentally Ill? 6. 8. 2018. Online: https://jonathanccook.medium.com/it-isnt-emotional-ai-it-s-psychopathic-ai-63a910282985 [Letzter Zugriff: 27. 10. 2020].
Coursey, Kino [u. a.]: Living with Harmony: A Personal Companion System by Realbotix™. In: Yuefang Zhou / Martin H. Fischer (Hrsg.): AI Love You. Developments in Human-Robot Intimate Relationships. Cham 2019. S. 77–95.
Cross, Emily S. [u. a.]: A Neurocognitive Investigation of the Impact of Socialising with a Robot on Empathy for Pain. 29. 11. 2018. Online: https://doi.org/10.1101/470534 [Letzter Zugriff: 17. 11. 2020].
Dahlbäck, Nils [u. a.]: Wizard of Oz Studies: Why and How. In: Proceedings of the 1st International Conference on Intelligent User Interfaces. Association for Computing Machinery (1993) S. 193–200.
Damásio, António: Descartes' Error – Emotion, Reason, and the Human Brain. New York 1994. [Dt.: Descartes' Irrtum. Fühlen, Denken und das menschliche Gehirn. Übers. von Hainer Kober. München 1995.]
Danaher, John: Building Better Sex Robots: Lessons from Feminist Pornography. In: Yuefang Zhou / Martin H. Fischer (Hrsg.): AI Love

You. Developments in Human-Robot Intimate Relationships. Cham 2019. S. 133–148.
– / McArthur, Neil (Hrsg.): Robot Sex. Social and Ethical Implications. Cambridge/London 2017.
Darling, Kate: Extending Legal Protection to Social Robots: The Effects of Anthropomorphism, Empathy and Violent Behavior towards Robotic Objects. In: Ryan Calo [u. a.] (Hrsg.): Robot Law. Cheltenham 2016. S. 213–234.
Darwin, Charles: The Expression of the Emotions in Man and Animals. London 1872. [Dt.: Der Ausdruck der Gemüthsbewegungen bei dem Menschen und den Thieren. Übers. von Julius Victor Carus. Stuttgart 1872].
De Carolis, Berardina [u. a.]: Simulating Empathic Behavior in a Social Assistive Robot. In: Multimedia Tools and Applications 76 (2017) S. 5073–5094.
De Vault, David [u. a.]: SimSensei Kiosk: A Virtual Human Interviewer for Healthcare Decision Support. In: Proceedings of the 13th International Conference on Autonomous Agents and Multi-agent Systems (2014) S. 1061–1068.
De Vignemont, Frédérique / Singer, Tania: The Empathic Brain: How, When and Why? In: Trends in Cognitive Sciences 10 (2006) S. 435–441.
De Waal, Frans: The Age of Empathy: Nature's Lessons for a Kinder Society. New York 2009. [Dt.: Das Prinzip Empathie: Was wir von der Natur für eine bessere Gesellschaft lernen können. Übers. von Hainer Kober. München 2011.]
– / Preston, Stephanie: Mammalian Empathy: Behavioural Manifestations and Neural Basis. In: Nature Reviews Neuroscience 18 (2017) S. 498–509.
Di Nucci, Ezio: Sex Robots and the Rights of the Disabled. In: John Danaher / Neil McArthur (Hrsg.): Robot Sex. Social and Ethical Implications. Cambridge/London 2017. S. 73–88.
Döring, Nicola [u. a.]: Design, Use, and Effects of Sex Dolls and Sex Robots: Scoping Review. In: Journal of Medical Internet Research 22 (2020) e18551.
Dörrenbacher, Judith [u. a.]: Becoming a Robot – Overcoming Anthro-

pomorphism with Techno-Mimesis. In: CHI Conference on Human Factors in Computing Systems. Honolulu 2020.

Earl, Brian: The Biological Function of Consciousness. In: Frontiers in Psychology (2014) Art. 697.

Eisenberg, Nancy / Fabes, Richard A.: Empathy: Conceptualization, Measurement and Relation to Prosocial Behavior. In: Motivation and Emotion 14 (1990) S. 131–149.

Ekman, Paul [u. a.]: Emotions in the Human Face. New York 1972.

– Basic Emotions. In: Tim Dalgleish / Mick J. Power (Hrsg.): Handbook of Cognition and Emotion. New York 1999. S. 45–60.

– / Friesen, Wallace V.: Facial Action Coding System: A Technique for the Measurement of Facial Movement. Palo Alto 1978.

– / – Unmasking the Face: A Guide to Recognizing Emotions from Facial Clues. Los Altos 2003.

Esteban, Pablo G. [u. a.]: How to Build a Supervised Autonomous System for Robot-Enhanced Therapy for Children with Autism Spectrum Disorder. In: Journal of Behavioral Robotics 8 (2017) S. 18–38.

Evans Dylan: Wanting the Impossible: The Dilemma at the Heart of Intimate Human-Robot Relationships. In: Yorick Wilks (Hrsg.): Close Engagements with Artificial Companions: Key Social, Psychological, Ethical and Design Issues. Amsterdam 2010. S. 75–99.

Feldman, Jessica: The Problem of the Adjective: Affective Computing of the Speaking Voice. In: Transposition: Musique et Sciences Sociales 6 (2016). Online: https://doi.org/10.4000/transposition.1640 [Letzter Zugriff: 18. 11. 2020].

Foucault, Michel: Surveiller et Punir. La Naissance de la Prison. Paris 1975. [Dt.: Überwachen und Strafen. Die Geburt des Gefängnisses. Frankfurt a. M. 1977.]

Frischmann, Brett / Seliger, Evan: Re-engineering Humanity. New York / Cambridge [u. a.] 2018.

Gigerenzer, Gerd / Todd, Peter M. / The ABC Research Group: Simple Heuristics that Make us Smart. Oxford / New York 1999.

Goasduff, Laurence: How Artificial Intelligence Is Being Used to Capture, Interpret and Respond to Human Emotions and Moods. 22. 1. 2018. Online: https://www.gartner.com/smarterwithgartner/

emotion-ai-will-personalize-interactions [Letzter Zugriff: 22. 1. 2021].
Goldman, Alvin I.: Joint Ventures. Mirroring, Mindreading and Embodied Cognition. Oxford 2013.
Habermas, Jürgen: Theorie des kommunikativen Handelns. 2 Bde. Frankfurt a. M. 1981.
Hillebrand, Fabian: Steffi sagt, es ist Liebe. In: Die Zeit 40. 21. 9. 2023. S. 60 f.
Hoffman, Martin L.: Empathy and Moral Development: Implications for Caring and Justice. Cambridge 2000.
Honneth, Axel: Kampf um Anerkennung. Zur moralischen Grammatik sozialer Konflikte. Frankfurt a. M. 1992.
– Verdinglichung. Eine anerkennungstheoretische Studie. Frankfurt a. M. 2005.
Iacoboni, Marco: Mirroring People. The Science of Empathy and How We Connect with Others. New York 2008.
Jackson, Philip L. [u. a.]: How Do We Perceive the Pain of Others? A Window into the Neural Processes Involved in Empathy. In: Neuro-Image 24 (2005) S. 771–779.
James, William: What is an Emotion? In: Mind 9 (1884) S. 188–205.
Kant, Immanuel: Die Metaphysik der Sitten. In: I. K.: Werke: Akademie-Ausg. Berlin 1797/1968. Bd. VI. S. 203–493.
Kewenig, Viktor: Intentionality but Not Consciousness: Reconsidering Robot Love. In: Yuefang Zhou / Martin H. Fischer (Hrsg.): AI Love You. Developments in Human-Robot Intimate Relationships. Cham 2019. S. 21–40.
Kramer, Adam D. I. [u. a.]: Experimental Evidence of Massive-Scale Emotional Contagion through Social Networks. In: Proceedings of the National Academy of Sciences of the United States of America (PNAS) 111 (2014) S. 8788–8790.
Kriegman, Sam [u. a.]: A Scalable Pipeline for Designing Reconfigurable Organisms. In: Proceedings of the National Academy of Sciences of the United States of America (PNAS) 117 (2020) Nr. 4. S. 1853–1859.
Kühn, Johannes / Haddadin, Sami: An Artificial Robot Nervous System to Teach Robots How to Feel Pain and Reflexively React to

Potentially Damaging Contacts. In: IEEE Robotics and Automation Letters 2 (2017) S. 72–79.
Lamm, Claus / Majdandžiæ, Jasminka: The Role of Shared Neural Activations, Mirror Neurons and Morality in Empathy – A Critical Comment. In: Neuroscience Research 90 (2015) S. 15–24.
Langton, Rea: Sexual Solipsism Philosophical Essays on Pornography and Objectification. Oxford / New York 2009.
Lennon, Randy / Eisenberg, Nancy: Gender and Age Differences in Empathy and Sympathy. In: Nancy Eisenberg und Janet Strayer (Hrsg.): Cambridge Studies in Social and Emotional Development. Empathy and its Development. Cambridge 1987. S. 195–217.
Levy, David: Love and Sex with Robots: The Evolution of Human-Robot Relationships. New York 2007.
– The Ethics of Robot Prostitutes. In: Patrick Lin [u. a.] (Hrsg.): Robot Ethics: The Ethical and Social Implications of Robotics. Cambridge 2012. S. 223–231.
Li, Cheng [u. a.]: Large Language Models Understand and Can Be Enhanced by Emotional Stimuli. Online: https://arxiv.org/abs/2307.11760 [Letzter Zugriff: 29. 1. 2023].
Li, Xiaobai [u. a.]: Towards Reading Hidden Emotions: A Comparative Study of Spontaneous Micro-expression Spotting and Recognition Methods. In: IEEE Transactions on Affective Computing 9 (2018) S. 563–577.
Lim, Angelica / Okuno, Hiroshi G.: A Recipe for Empathy: Integrating the Mirror System, Insula, Somatosensory Cortex and Motherese. In: International Journal of Social Robotics 7 (2015) S. 35–49.
Lipps, Theodor: Leitfaden der Psychologie. Leipzig [2]1906.
Lucas, Gale M. [u. a.]: Reporting Mental Health Symptoms: Breaking Down Barriers to Care with Virtual Human Interviewers. In: Frontiers in Robotics and AI 4 (2017) Art. 51.
Lukács, Georg: Die Verdinglichung und das Bewußtsein des Proletariats. In: G. L: Geschichte und Klassenbewußtsein. Bd. 2: Frühschriften 2. Neuwied/Berlin 1968. S. 257–397.
Luo, Wei / Gong, Dihong: Pre-trained Large Language Models for Financial Sentiment Analysis. 10. 1. 2024. Online: https://arxiv.org/abs/2401.05215 [Letzter Zugriff: 29. 1. 2024].

MacKinnon, Catherine: Only Words. Cambridge 1993.
Man, Kingson / Damásio, António: Homeostasis and Soft Robotics in the Design of Feeling Machines. In: Nature Machine Intelligence 1 (2019) S. 446–452.
McQuiggan, Scott W. / Lester, James L.: Modeling and Evaluating Empathy in Embodied Companion Agents. In: International Journal of Human-Computer Studies 65 (2007) S. 348–360.
McStay, Andrew: Emotional AI. The Rise of Empathic Media. London 2018a.
– The Right to Privacy in the Age of Emotional AI (Report for the Office of the United Nations High Commissioner for Human Rights OHCHR). 2018b. Online: https://www.ohchr.org/sites/default/files/Documents/Issues/DigitalAge/ReportPrivacyinDigitalAge/AndrewMcStayProfessor_of_Digital_Life,_BangorUniversity WalesUK.pdf [Letzter Zugriff: 19. 11. 2020].
Milgram, Stanley: Obedience to Authority: An Experimental View. London 1974. [Dt.: Das Milgram-Experiment. Zur Gehorsamsbereitschaft gegenüber Autorität. Übers. von Roland Fleissner. Reinbek b. Hamburg 1982.]
Minsky, Marvin: The Society of Mind. New York 1986. [Dt.: Mentopolis. Übers. von Malte Heim. Stuttgart 1990.]
– The Emotion Machine. Commonsense Thinking, Artificial Intelligence, and the Future of the Human Mind. New York [u. a.] 2006.
Misselhorn, Catrin: Grundfragen der Maschinenethik. Stuttgart 2018. [5]2022.
– Ethics by Chat? Die großen Sprachmodelle im Kontext der Maschinenethik. In: Praefaktisch.de. Ein Philosophieblog: Online: https://www.praefaktisch.de/postfaktisch/ethics-by-chat-die-grossen-sprachmodelle-im-kontext-der-maschinenethik/ [Letzter Zugriff 18. 1. 2024].
– Is Empathy with Robots Morally Relevant? In: C. M. [u. a.] (Hrsg.): Emotional Machines – Perspectives from Affective Computing and Emotional Human-Machine Interaction. Wiesbaden 2023. S. 159–181.
– / Störzinger, Tobias: Social Robots as Echo Chambers and Opinion Amplifiers. In: C. M. [u. a.] (Hrsg.): Emotional Machines – Perspec-

tives from Affective Computing and Emotional Human-Machine Interaction. Wiesbaden 2023. S. 247–275.

– [u. a.]: Ethical Considerations Regarding the Use of Social Robots in the Fourth Age. In: GeroPsych. The Journal of Gerontopsychology and Geriatric Psychiatry 26 (2013) S. 121–133.

Morbini, Fabrizio [u. a.]: A Demonstration of Dialogue Processing in SimSensei Kiosk. In: Proceedings of the 15th Annual Meeting of the Special Interest Group on Discourse and Dialogue (SIGDIAL) (2014) S. 254–256.

Mori, Masahiro: Bukimi no tani. In: Energy 7 (1970) S. 33–35. [Engl.: The Uncanny Valley. In: IEEE Robotics & Automation Magazine 19 (2012) S. 98–100.]

Nemitz, Paul / Pfeffer, Mathias: Prinzip Mensch. Macht, Freiheit und Demokratie im Zeitalter der Künstlichen Intelligenz. Bonn 2020.

Ortony, Andrew [u. a.]: The Cognitive Structure of Emotions. Cambridge 1988.

Paiva, Ana [u. a.]: Empathy in Virtual Agents and Robots: A Survey. In: CM Transactions on Interactive Intelligent Systems 7 (2017) Art. 11.

Picard, Rosalind: Affective Computing. Massachusetts 1997.

Polzehl, Tim: Personality in Speech Assessment and Automatic Classification. Heidelberg 2015.

Rahman, Ataur [u. a.]: Artificial Somatosensors: Feedback Receptors for Eletronic Skins. In: Advanced Intelligent Systems 2 (2020) S. 1–10.

Rawls, John: Political Liberalism. New York 1993. [Dt.: Politischer Liberalismus. Übers. von Wilfried Hinsch. Frankfurt a. M. 1998.]

Rhue, Lauren: Racial Influence on Automated Perceptions of Emotions. College Park 2018. Online: https://ssrn.com/abstract=3281765 [Letzter Zugriff: 20. 11. 2020].

Riečanský, Igor / Lamm, Claus: The Role of Sensorimotor Processes in Pain Empathy. In: Brain Topography 32 (2019) S. 965–997.

Riek, Lars [u. a.]: Empathizing with Robots: Fellow Feeling Along the Anthropomorphic Spectrum. In: 2009 3rd International Conference on Affective Computing and Intelligent Interaction and Workshops. Amsterdam 2009. S. 1–6.

Rodrigues, Sergio [u. a.]: »I can feel it too!«: Emergent Empathic Reactions between Synthetic Characters. In: 2009 3rd International Conference on Affective Computing and Intelligent Interaction and Workshops. Amsterdam 2009. S. 1–7.

Roose, Kevin: Bing's A.I. Chat: ›I Want to Be Alive. 😈‹. In: New York Times. 16./17. 2. 2023. Online: https://www.nytimes.com/2023/02/16/technology/bing-chatbot-transcript.html [Letzter Zugriff: 31. 1. 2024].

Rosenthal-von der Pütten, Astrid M. [u. a.]: Investigations on Empathy towards Humans and Robots Using fMRI. In: Computers in Human Behavior 33 (2014) S. 201–212.

Rössler, Beate: Der Wert des Privaten. Frankfurt a. M. 2001.

Russell, James: A Circumplex Model of Affect. In: Journal of Personality and Social Psychology 39 (1980) Nr. 6. S. 1161–1178.

Sartori, Giuseppe / Orru, Graziella: Language Models and Psychological Science. In: Frontiers in Psychology 14 (2023) 1279317.

Schachter, Stanley / Singer, Jerome: Cognitive, Social and Physiological Determinants of Emotional States. In: Psychological Review 69 (1962) S. 379–399.

Scherer, Klaus [u. a.]: A Blueprint for Affective Computing: A Sourcebook and Manual. New York 2010.

Schlosser, Kurt: Alexa, Why so Emotional? Because Amazon Has Created Realistic New Voice Tones for its Assistant. In: Geekwire. 26. 11. 2019. Online: https://www.geekwire.com/2019/alexa-emotional--amazon-created-realistic-new-voice-tones-assistant/ [Letzter Zugriff: 30. 10. 2020].

Scholtz, Christopher P.: Alltag mit künstlichen Wesen. Theologische Implikationen eines Lebens mit subjektsimulierenden Maschinen am Beispiel des Unterhaltungsroboters Aibo. Göttingen 2008.

Schweblin, Samanta: Kentukis. New York 2018. [Dt.: Hundert Augen. Übers. von Marianne Gareis. Frankfurt a. M. 2020.]

Seo, Stela [u. a.]: Poor Thing! Would You Feel Sorry for a Simulated Robot? A Comparison of Empathy toward a Physical and a Simulated Robot. In: 2015 10th ACM/IEEE International Conference on Human-Robot Interaction (HRI). Portland 2015. S. 125–132.

Slater, Mel [u. a.]: A Virtual Reprise of the Stanley Milgram Obedience

Experiments. In: PLOS ONE 1 (2006). Online: https://doi.org/10.1371/journal.pone.0000039 [Letzter Zugriff: 19. 1. 2021].
Slote, Michael: The Ethics of Care and Empathy. New York 2007.
Smith, Adam: The Theory of Moral Sentiments. Oxford 1759/1976. [Dt.: Theorie der moralischen Empfindungen. Übers. von Christian Günther Rautenberg. Braunschweig 1770.]
Sparrow, Robert: Robots, Rape, and Representation. In: International Journal of Social Robotics 9 (2017) S. 465–477.
Streeruwitz, Marlene: Zurück auf Punkt Eins. In: SZ Magazin – Süddeutsche Zeitung 34 (2020) 20. 8. 2020.
Stueber, Karsten: Rediscovering Empathy: Agency, Folk Psychology, and the Human Sciences. Cambridge 2006.
Suzuki, Yutaka [u. a.]: Measuring Empathy for Human and Robot Hand Pain Using Electroencephalography. In: Scientific Reports 5 (2015) Art. 15924.
Turing, Alan M.: Computing Machinery and Intelligence [1950]. Können Maschinen denken? Dt./Engl. Stuttgart 2021.
Turkle, Sherry: Alone Together. Why We Expect More from Technology and Less from Each Other. New York 2011.
Urbi, Jaden: Some Transgender Drivers Are Being Kicked Off Uber's App. In: CNBC. 8. 8. 2018: Online: https://www.cnbc.com/2018/08/08/transgender-uber-driver-suspended-tech-oversight-facial-recognition.html [Letzter Zugriff: 18. 1. 2021].
Utz, Konrad: Freundschaft und Wohlwollen bei Aristoteles. In: Zeitschrift für philosophische Forschung 57 (2003) S. 543–570.
Vadas, Melinda: The Manufacture-for-use of Pornography and Women's Inequality. In: Journal of Political Philosophy 13 (2005) S. 174–193.
Venkatakrishnan, Radhakrishnan [u. a.]: Exploring Large Language Models' Emotion Detection Abilities: Use Cases from the Middle East. 2023 IEEE Conference on Artificial Intelligence (CAI). Santa Clara (CA) 2023. S. 241–244.
Wang, Xuena [u. a.]: Emotional Intelligence of Large Language Models. In: Journal of Pacific Rim Psychology 17 (2023) S. 1–12.
Wood, Luke [u. a.]: Developing Kaspar: A Humanoid Robot for Children with Autism. In: International Journal of Social Robotics

(2019). Online: https://doi.org/10.1007/s12369-019-00563-6 [Letzter Zugriff: 26. 1. 2021].
Zaki, Jamil [u. a.]: The Anatomy of Suffering: Understanding the Relationship between Nociceptive and Empathic Pain. Trends in Cognitive Science 20 (2016) S. 249–259.
Zellinger, Peter: Replika: Wie eine Trauer-KI zum Sexbot wurde. In: Der Standard. 20. 5. 2023. Online: https://www.derstandard.de/story/3000000021186/replika-wie-eine-trauer-ki-zum-sexbot-wurde [Letzter Zugriff: 22. 12. 2023].
Zhang, Wenxuan [u. a.].: Sentiment Analysis in the Era of Large Language Models: A Reality Check. 24. 5. 2023. Online: https://arxiv.org/abs/2305.15005 [Letzter Zugriff: 29. 1. 2024].
Zhao, Wengqun / Patras, Ioannis: Prompting Visual-Language Models for Dynamic Facial Expression Recognition. 14. 10. 2023. Online: https://arxiv.org/abs/2308.13382 [Letzter Zugriff: 29. 1. 2024].
Zuboff, Shosana: The Age of Surveillance Capitalism. The Fight for a Human Future at the New Frontier of Power. New York 2019. [Dt.: Das Zeitalter des Überwachungskapitalismus. Übers. von Bernhard Schmid. Frankfurt a. M. / New York 2018.]
Zweig, Katharina: Die KI war's. Von absurd bis tödlich. Die Tücken der künstlichen Intelligenz. München 2023.

## Zur Autorin

Catrin Misselhorn ist Professorin für Philosophie an der Universität Göttingen. Beim Reclam Verlag erschienen bisher 2023 *Künstliche Intelligenz – das Ende der Kunst?* sowie 2018 der Band *Grundfragen der Maschinenethik*, der auf den 3. Platz der Sachbuchbestenliste von *Zeit*, ZDF und *Deutschlandfunk Kultur* gewählt wurde.